교회를 사랑하고 싶은 너에게

기독여성주의 입문서 "교회가 좀 불편한 너에게" 시즌 3

교회를 사랑하고 싶은 너에게

2024년 12월 31일 처음 펴냄

엮은이 기독여성연구원 훌다
지은이 김희선, 이은애, 이주아, 조현숙
표지 디자인 컨셉 훌다 상여자단 안경잡이
삽화 훌다 상여자단 데이지, 박호니
'나는 어떤 사랑을 하는 크리스천일까?' 테스트 제작 훌다 상여자단 데이지, 박호니

펴낸이 박재윤
펴낸곳 (재)여해와함께 대화출판사
출판등록 2006년 5월 24일 (제2006-000063)

주소 (03003) 서울 종로구 평창 6길 35(평창동)
전화 02-395-0781
팩시밀리 02-395-1093
홈페이지 www.daemuna.or.kr
페이스북 www.facebook.com/daemuna.yh
전자우편 tagung@daemuna.o.kr

ISBN 978-89-85155-79-3 03230

교회를 사랑하고
싶은 너에게

기독여성연구원 훌다 지음

훌다 HULDAH
재단법인 **여해와 함께**

〈책을 펴내며〉

사랑과 결혼을 고민하는 너에게 보내는 교회언니들의 편지

"사랑하는 사람과 스킨십은 어디까지 가능할까요?", "연애하면 꼭 결혼해야 하나요?", "비기독교인과 결혼해도 되나요?" 사랑과 결혼 주제는 사회적 이슈일 뿐만 아니라 교회 여성 청년들에게도 중요하고 관심 있는 주제이다. 그동안 다양한 기독여성주의 주제들에 관심을 가지고 탐구해 왔던 '기독여성연구원 훌다'는 2024년 5월부터 약 두 달 동안 "나는 어떤 사랑을 하는 기독교인일까?"라는 제목으로 연애와 결혼에 대한 가치관을 묻는 설문조사를 시행하였고 그 결과를 바탕으로 청년들의 고민과 교회언니들의 답변을 담은 책 『교회를 사랑하고 싶은 너에게』를 발간하게 되었다. 이 책은 『교회가 좀 불편한 너에게』, 『교회를 떠나고 싶지 않은 너에게』를 잇는 기독여성주의 3집으로서 이전과 마찬가지로 청년들과 교회언니들이 함께 협력하여 만들었다. 교회 안에, 기독교 신앙 안에 머물러 있는 여성 청년들에게 여자와 남자의 관계에서의 사랑 그리고 결혼의 문제를 어떻게 생각하고 해결해 나갈 수 있을지 함께 고민한 결과다.

이번에 실시된 설문조사에서는 연애와 사랑, 결혼과 출산 등의 주제에 관한 24개의 문항을 만들어 총 294명이 참여했고, 유효 응답은 221명에게서 받았다. 우리는 그 결과를 종합하고 분석한 후 먼저 청년들이 분류하여 주제 질문을 만들고 훌다의 교회언니들이자 교수님들이 각자의 전공에 맞는 부분을 맡아 대답하는 형식으로 글을 썼다. 특히 이번 책에는 서울신학대학 조현숙 교수님이 함께 해주셨는데, 유튜브 "교회언니 페미토크" 시즌 18 "우리, 사랑해도 될까요?" 편에 '스윗현숙'으로 참여하여 달콤하고 상냥하지만 쌉쌀하고 매운맛 토크를 통해 너무나 즐겁고 위로받으면서도 정신이 번쩍 드는 대화의 시간을 가질 수 있었다. 올해 연구년을 보내고 계심에도 불구하고 훌다의 기획에 아무런 보상 없이 기꺼이 참여해 주신 조현숙 박사님께 다시 한번 감사의 인사를 드린다.

훌다는 2024년 여름에도 미연합감리교회 여선교회 '스크랜턴여성리더십센터'의 지원으로 제2차 '기·흔·세'(기억하고 흔들고 바로 세우자) 여성 리더십 워크숍을 진행하여 다양한 신앙 배경과 다양한 연령의 기독여성 청년들과 2박 3일 동안 배우고 표현하고 직접 만들어 가는 귀한 시간을 가졌다. 이번 워크숍에서는 특히 훌다의 청년 리더들(일명 '영[young] 훌다' 상여자단)을 주축으로 세부 내용을 기획하고 프로그램을 진행하여 기독여성연구원 훌다가 목표로 하고 실행하고 있는 청년 교육의 영역을 다음 세대로 더 넓게 확장하는 계기가 되었다고 생각한다. 기독여성연구원 훌다는 충분한 능력과 성실함으로 무장된 청년 여성들이 앞으로도 더 많이 주체적이고 자유롭게 활동하고, 배우고 나눌 수 있는 다양한 장을 마련하고자 한다.

이 책이 나오기까지 모든 과정에 '영 훌다'가 함께 했다. 연애 결혼 테스트 공동 기획 및 진행해 준 데이지와 박호니, 작년에 이어 책 표지 디자인을 맡아준 안경잡이, 원고 최종 교정과 텀블벅 기획 및 진행을 맡아준 홍다 그리고 육아의 힘든 과정 중에 있어서 직접 참여는 못 했지만 늘 훌다의 든든한 조력자로 응원을 보내주는 엘더 정. 정말 그들의 능력과 활약은 볼 때마다 놀랍고, 그래서 즐겁고 든든하다. 훌다의 1년, 10년을 내다보며 모든 것을 진두지휘하는 열정적인 사무총장 '직진주아'(이름 잘 지었다), 부드러운 카리스마로 주변 모든 사람을 사로잡아 버리는 '걸크희선'(이 역시 이름 잘 지었다) 그리고 정신없이 바쁜 중에도 '기·흔·세' 특강으로 달려와 준 '쏘영'(so young)한 동역자 '낭만 소영', 이들의 헌신과 노력 위에 훌다가 존재하고 성장하고 단단해지고 있음을 고백하며 무한 감사를 드린다.

이 책이 실질적으로 인쇄되고 출판되는 과정에서 유튜브 "교회언니 페미토크" 제작과 앞선 두 책의 출판을 지원했던 '크리스챤아카데미'가 다시 후원함으로써 이전 책과 연속성을 가진 시리즈로 제작할 수 있었다. 이 자리를 빌려 크리스챤아카데미 이상철 원장님, 편집과 제작·유통을 맡아주신 도서출판 동연 김영호 대표님께 큰 감사의 인사를 전한다.

2024년 10월
기독여성연구원 훌다
원장 이은애

차 례

01
part

연애를 어떻게 시작할까요?

— 기독여성연구원 훌다의 연애·결혼 테스트 과정과 결과를 소개합니다

PART 1

연애를 어떻게 시작할까요?

— 기독여성연구원 훌다의 연애·결혼 테스트 과정과 결과를 소개합니다

훌다는 그동안 유튜브 "교회언니 페미토크"와 함께 20~40대 여성들의 관심사를 포함하여 기독여성주의 주제들을 탐구해 왔어요. 그중에서도 가끔 20~40대 여성들의 연애·결혼·임신·출산에 관한 질문을 종종 들을 수 있었죠. 그래서 이번에는 청년 여성들이 가장 고민하는 문제 중 연애와 결혼, 나아가 출산과 양육 등을 함께 고민해 보고 싶었어요.

한국 사회는 최근 많은 변화를 겪으면서 기존에 '정상성'이라고 여겨졌던 이성애자의 연애와 결혼, 출산과 양육으로 이어지는 형태 외에도 다양한 삶의 모습들을 쉽게 찾아볼 수 있게 되었어요. 아이돌이 방송에서 자연스럽게 자신은 '비혼주의자'라고 밝히고, 비혼 출산을 한 사람이 육아 프로그램에 출연하며, 동거 중인 이성애자 커플의 삶도 드러나고 있어요. 저출산과 초고령사회로 진입한 한국 사회에서 비혼 및 비출산은 젊은 세대를 중심으로 새로운 삶의 한 형태로 자리 잡아가고 있는 것

이죠.

이처럼 다양한 형태의 삶이 부상하는 것에 대해 어떤 사람은 가족 위기를 이야기하며 근대 핵가족 체계로의 복귀를 주장하기도 하고, 누군가는 개인이 삶에 가질 수 있는 선택지의 증가와 이에 의한 자유와 권리, 행복이라는 면에서 긍정적으로 바라보기도 해요. 어떤 입장이든 간에 비혼과 특히 여성의 비출산은 확산되고 있는 동시에 부정할 수 없이 우리 사회 속에 자리 잡아가고 있는 삶의 형태예요.

그러나 기존 가족 개념을 가지고 있는 기성세대와 특히 구성원의 재생산이 필요한 사회적 요청 앞에서 이러한 선택은 이기적이라는 비난을 받기도 하는 것이 현실이에요. 얼마 전 프란치스코 교황이 반려동물과 함께 사는 비출산 부부를 '이기주의의 한 형태'라고 발언하며 논란을 빚은 적도 있지요.[1] 기독교인의 경우 결혼과 출산, 자녀 양육이 하나님이 주신 소명, 하나님의 창조 질서 등으로 교육되고 당연시되는 가르침이 대다수이기 때문에 갈등과 혼란이 더 커지고 있기도 해요.

이에 훌다는 2024년 5월 6일~7월 16일까지 총 24개의 문항을 통해 연애와 결혼, 양육에 대해 자신의 가치관을 알아보는 테스트를 실시했어요(지금도 훌다 인스타그램 또는 페이스북

1 "'반려동물 키우는 비출산 부부, 이기적' 교황 발언 논란," 「SBS뉴스」 2022. 1. 7., https://news.sbs.co.kr/news/endPage.do?news_id=N1006596426

에 가면 테스트에 참여할 수 있죠). 연애·결혼·양육의 세 가지 주제별로 8문항을 배치하였고, 답변은 1) 네, 그렇게 생각해요, 2) 보통이에요, 3) 아니요, 그렇게 생각하지 않아요, 세 개로 나누었어요. 9월 8일까지의 통계를 기준으로 하여 테스트에 참여한 응답자는 294명이고, 그중에서 유효 응답은 221개예요. 지금부터 응답자들이 연애·결혼·양육에 대한 신앙과 성별 고정관념, 낭만과 기대, 막연한 욕심과 실제 생활에서의 갈등은 무엇이 있는지 함께 살피며 고민해 보아요.

테스트에 참여한 유효 응답자 221명의 연령대와 성별은 다음과 같아요. 훌다의 연애·결혼·육아에 대한 테스트에 관심을 가지고 참여한 대상은 주로 2030 여성인 것으로 나타났네요.

응답	응답자(수)	응답자(비율)
10대 이하	1	0.45 %
20대	111	50.23 %
30대	67	30.32 %
40대	20	9.05 %
50대 이상	12	5.43 %
무응답	10	4.52 %

응답	응답자(수)	응답자(비율)
여성	175	79.19 %
남성	46	20.81 %

연애

그렇다면 먼저 '연애'를 주제로 한 문항별 응답을 몇 가지 살펴볼게요. 남성이 데이트를 리드하거나 비용을 더 많이 내는 데는 동의하지 않은 비율이 더 높았어요. 반면 "애교 있고 붙임성 있는 성격의 여성이 더 좋다"에는 63%의 사람들이 동의했어요. 마찬가지로 "남성이라면 여성이 기댈 만하고 듬직한 편이 더 좋다"에도 '네'라는 응답이 83%로 높았어요. 또 그다음 문항인 "남성이 여성을 더 좋아해야 오랫동안 관계가 유지될 수 있다"

라는 질문에 대해 66%의 응답자가 '그렇다'고 답했어요. 이와 같은 결과는 우리 기독교 청년 여성들도 우리가 일견 비난하고 불편해하는 성별 고정관념을 어느 정도 가지고 있다는 것을 알려준다고 보여요.

연애 부분에서 마지막으로 살펴볼 부분은 성별 고정관념이 흔들리고 있다는 것을 보여주는데, 여성의 입장에서는 여성에 대한 성별 고정관념을 거부하는 부분이 있는 것 같아요. "남성은 시각에 민감한 편이므로 여성이 노출 있는 옷을 입을 때 주의해야 한다"라는 문항에는 '동의하지 않는다' 비율이 55%로 조금 더 높았어요. 많은 응답자는 남성이 시각에 민감하므로 여성은 노출에 주의해야 한다는 전통적 개념에 대해 이를 성별 고정관념이라고 생각한다는 거예요. 이 테스트의 79% 응답자가 여성이기에 이러한 결과가 나온 것일 수도 있다고도 여겨져요. 만약에 남녀 비율이 어느 정도 동일했거나 남성 비율이 더 높았다면 응답 결과는 반대로 나올 수도 있다고 생각해요.

▨ 애교 있고 붙임성 있는 성격의 여성이 더 좋다.

응답	응답자(수)		응답자(비율)
네. 그렇게 생각해요	68	139	62.90 %
보통이에요	71		
아니오. 그렇게 생각하지 않아요	82		37.10 %

▨ 기댈 만하고 듬직한 성격의 남성이 더 좋다.

응답	응답자(수)		응답자(비율)
네. 그렇게 생각해요	132	183	82.81 %
보통이에요	51		
아니오. 그렇게 생각하지 않아요	38		17.19 %

▨ 남성이 여성을 더 좋아해야 오랫동안 관계가 유지될 수 있다.

응답	응답자(수)		응답자(비율)
네. 그렇게 생각해요	106	145	65.61 %
보통이에요	39		
아니오. 그렇게 생각하지 않아요	76		34.39 %

총평

전체적으로 보았을 때, 연애 부분에서는 성별 고정관념이 깨어진 부분도 있지만, 여전히 존재하는 부분도 있어요. 남성은 경제력, 여성은 나이와 외모의 강점이 있어야 한다는 데 68%가 동의하지 않았고요, 고백은 그래도 남자가 하는 게 좋다는 데에도 58%는 동의하지 않았어요. 이런 응답 결과에서는 전통적으로 남녀가 수행했던 역할을 온전히 긍정하지 않음으로써 성별 고정관념이 점점 무너지고 있다고 보여요. 그럼에도 불구하고 일부 곳곳에서는 남녀의 전통적인 성역할을 수행했을 때 '낭만적인' 연애가 가능하다고 여기는 기대도 보여요. 아직까지 연애 부분에서는 전통적인 성역할을 수행했을 때 가지는 이점이 있다고 응답자들이 판단한 것 같아요.

결혼

다음으로 '결혼' 영역에서 살펴볼 만한 응답 결과를 함께 볼게요. 결혼 부분에서는 앞선 연애 부분에서 전통적인 성역할에 어느 정도 동의했던 것과는 상반된 결과가 나타납니다. 놀라지 마세요!

먼저 결혼으로 가정을 이루는 것이 하나님께서 기뻐하시니 가능한 한 하는 것이 바람직하다는 질문에 대해 66%의 응답자가 '그렇다'고 답했어요. 이는 창세기 2장 24절 "이러므로 남자가 부모를 떠나 그의 아내와 합하여 둘이 한 몸을 이룰지로다" 같은 말씀에 근거하여 교회에서 결혼은 하나님께서 주신 제도이므로 꼭 해야 한다는 가르침의 영향인 것으로 보여요.

다음 질문에서는 성별 고정관념이 들어있지만, 이에 대한 교회 가르침에 어떻게 응답자들이 반응하고 있는지를 살펴보았어요. 먼저 결혼 영역에서 5번 문항은 에베소서 5장에 근거한 일부 교회에서의 가르침이에요.

▨ 성경에 '남편이 가정의 머리'라고 쓰여있으므로 구시대적이라도 하나님이 주신 가정 질서를 잘 따라야 한다.

응답	응답자(수)		응답자(비율)
네. 그렇게 생각해요	34	66	29.86 %
보통이에요	32		
아니오. 그렇게 생각하지 않아요	155		70.14 %

그다음 문항을 볼게요. 재미있게도 결혼에 대한 가르침은 따랐던 것과는 달리 성경에서 이야기한 아내의 역할에 대한 본문은 따르지 않는 모습이 보여요. 테스트의 응답자 79%가 여성이므로 더욱 '그렇게 생각하지 않는다' 답변이 두드러지는 것 같네요.

▨ 아내는 본인의 일을 중시하기보다 남편의 '돕는 배필'로 살아가는 것이 성경적인 삶이다.

응답	응답자(수)		응답자(비율)
네. 그렇게 생각해요	10	33	14.93 %
보통이에요	23		
아니오. 그렇게 생각하지 않아요	188		85.07 %

결혼 영역에서 마지막으로는 임신/출산에 관하여 물어보

았어요. 창세기 1장 28절 "생육하고 번성하라"는 구절을 들어 어떤 교회에서는 자녀 출산 명령이라고 가르치기도 해요. 그런데 반 이상의 응답자들은 이러한 가르침을 수용하지 않는 모습을 발견했어요.

▨ 자녀는 하나님이 주시는 축복이므로 기본적으로 낳아야 하는 것이다.

응답	응답자(수)		응답자(비율)
네. 그렇게 생각해요	66	99	44.80 %
보통이에요	33		
아니오. 그렇게 생각하지 않아요	122		55.20 %

총평

연애에서 전통적인 성역할을 수행하며 낭만적인 연애를 기대했던 것과 달리, 결혼 영역에서는 남녀에게 요구되었던 전통적인 성역할을 수행하지 않겠다고 한 부분이 눈에 띄어요. 특히 이러한 성역할 고정관념이 교회에서의 가르침과 대치되었을 때, 응답자들은 결혼해야 한다는 것 외에 다른 가르침에 있어서 잘 받아들이지 않는 모습을 보였어요.

양육

마지막으로 '양육' 영역에서 흥미롭게 살펴볼 결과들이에요. 먼저 여성은 생물학적으로 남성보다 돌봄의 능력이 크다고 생각하는지에 대해서 52%의 응답자가 '그렇다'고 답했어요. '그렇지 않다'라고 답한 비율은 48%예요. 그러나 그다음 문항, 하나님께서 여성에게 주신 소명은 아이를 낳아서 길러내는 것이다라는 질문에 대해서는 75%의 응답자가 동의하지 않았어요.

▨ 하나님께서 여성에게 주신 소명은 아이를 낳아서 길러내는 것이다.

응답	응답자(수)		응답자(비율)
네. 그렇게 생각해요	24	56	25.34 %
보통이에요	32		
아니오. 그렇게 생각하지 않아요	165		74.66 %

요즘 부모가 맞벌이하는 경우가 많아서 이와 관련된 질문도 해보았어요. 승진이나 성과를 내야 하는 일이 있어도 여성의 최우선은 가정임을 잊어서는 안 된다는 질문에 대하여 78%의 응답자가 '비동의'했어요. 회식도 업무의 중요한 부분이므로 남성은 가능하면 가정보단 이를 우선시하는 것이 필요하다는 질문에 대해서도 '비동의'가 90%, '동의'가 10%로 나타났어요. 많은 응답자는 아내의 최우선이 가정이 아니며 남편도 가정보

다 회사를 우선하는 것이 아니라고 답했어요.

총평

지금까지 양육 영역의 질문 8개 중 4개를 살펴보았어요. 대부분의 문항에서 남녀에게 요구되는 전통적인 성역할을 응답자들은 동의하지 않는 모습을 보였어요. 그것이 교회에서 받은 가르침이라고 할지라도요.

지금까지 연애, 결혼, 양육을 주제로 한 24개의 문항에 담긴 성역할 고정관념을 어떻게 생각하는지에 대하여 아래와 같이 결과를 통계 내보았어요. 테스트 결과, 페미니즘 유형이 43%로 가장 많은 응답률을 보였고, 선택적 페미니즘 유형이 26%를 보였어요. 그 뒤로 선택적 가부장제 18%, 가부장제 유형이 13%로 나타났어요. 질문에 대한 답변으로 '아니오'를 선택한 비중이 높을수록 성역할 고정관념이 보다 적은 '페미니즘 유형'이, '네' 또는 '보통'을 많이 선택할수록 성역할 고정관념이 다소 있다고 여겨지는 '가부장제 유형'이 도출되지요.

성별 간 응답 결과 비율

▶ 남성 (총 46명)

응답	응답자(수)	응답자(비율)
페미니즘	24	52.17 %
선택적 페미니즘	6	13.04 %
선택적 가부장제	8	17.39 %
가부장제	8	17.39 %

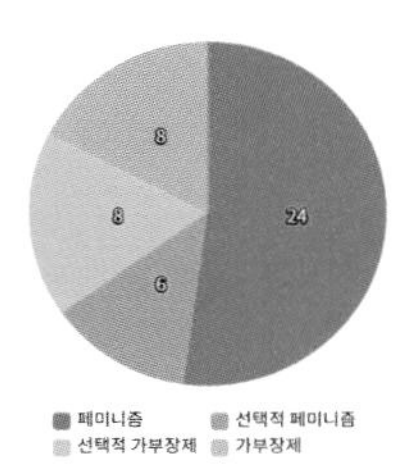

▶ 여성 (총 175명)

응답	응답자(수)	응답자(비율)
페미니즘	71	40.57 %
선택적 페미니즘	51	29.14 %
선택적 가부장제	32	18.29 %
가부장제	21	12.00 %

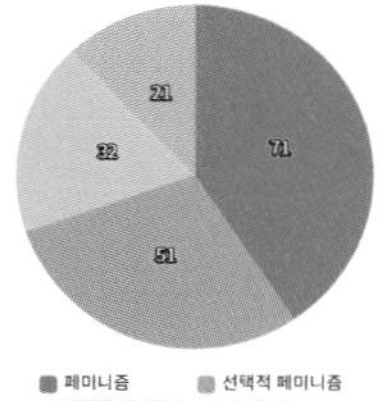

유형별 설명

테스트 결과 페이지에서 페미니즘 유형이 나왔다면 이런 문구를 보실 수 있어요. "당신은 연애, 결혼, 양육에서 모두 합리적이고 평등적인 성향을 보이고 있네요. 당신과 함께 할 파트너와 비슷한 성향인 경우, 다툼 없이 잘 지낼 수 있을 거예요. 하지만 당신과 다른 성향의 연애, 결혼, 양육을 보이는 상대라면 간혹 다툼이 일어날 수 있으니, 파트너와 많은 대화를 나누어 보세요." 페미니즘 유형의 응답자에게는 자신과 다른 유형을 보이는 상대방과 어떻게 갈등을 조율할 수 있을지를 고민해 보도록 '생각해 볼 점'을 제시했어요. 나와 함께 하는 파트너는 페미니즘 유형처럼 생각하지 않을 수도 있으니까요.

— 상대방이 (각자의 경제력을 따르기보다) 더 많이 좋아하는 '남자가/여자가' 데이트 비용을 더 많이 써야 한다고 생각한다면?
– 상대방이 결혼 후 집안일 역할 분담에 남자 일/여자 일이 정해져 있다고 생각한다면?
– 내 생각과 달리 상대방이 육아는 '엄마'가 전담해야 한다고 생각한다면?

또 가부장제 유형을 도출하였다면 이런 문구를 보실 수 있어요. "당신은 연애, 결혼, 양육에서 모두 전통적이고 가부장적인 성향을 보이고 있네요. 당신과 함께 할 파트너와 비슷한 성향인 경우, 다툼 없이 잘 지낼 수 있을 거예요. 하지만 당신과 다른 성향의 연애, 결혼, 양육을 보이는 상대라면 간혹 다툼이 일어날 수 있으니, 파트너와 많은 대화를 나누어 보세요."

– 내 기대와 달리 상대방이 '가정적이고 헌신적인 여자'"듬직하고

기댈 수 있는 남자' 유형에서 벗어난 성향이라면?

– 상대방이 결혼 후 집안 살림을 전담하지 않고 함께 역할 분담을 해야 한다고 생각한다면?

– 상대방이 양육에서 남성의 참여도를 중요하게 생각하거나 반대로 직업적 성취를 가정보다 중시한다면?

다음으로 선택적 페미니즘 유형에는 세 가지 종류가 있어요. **1) 연애에서만은 전통적인 편! 2) 결혼에서만은 전통적인 편! 3) 양육에서만은 전통적인 편!** 어느 영역에서는 합리적이고 평등한 성향을 보이지만, 또 다른 영역에서는 전통적이고 가부장적인 성향을 고수하는 거예요. 이러한 결과를 선택적 페미니즘 유형이라고 이름 붙인 까닭은 자신의 삶에서 합리적이고 평등하다고 여겨지는 요소와 가부장적이고 전통적인 역할에서 본인에게 유리한 요소를 혼합하여 받아들이고 있기 때문이에요.

예를 들어 "연애에서만은 전통적인 편!"의 응답을 도출한 사람이 있다면, 연애에서는 전통적인 성역할을 수행했을 때 유리하고, 결혼과 양육에서는 현대적이고 평등한 성역할을 수행할 때 본인이 유리하기 때문에 그러한 결론을 도출했다고 보는 것이죠. 즉, 가부장제와 탈가부장제에서 본인에게 유리한 점을 취사선택했다고 볼 수 있어요. 여기서 중요한 점은 그러한 결론을 도출한 사람의 본성이 이기적인 것이 아니라 본인이 살아오며 자신의 생존에 도움이 되었기에 더 선호할 만한 응답을 선택했다고 보는 것이 바람직해요.

1) "**연애에서만은 전통적인 편!**"에 해당하는 선택적 페미니즘 유형은 75%였고, 남성이 6명, 여성이 37명이었어요. 연애할 때 남자가 더 적극적으로 리드하고, 여자가 수동적으로 따르는 경향에 어느 정도 동의하다가 결혼 후에는 남편의 주도성에 따르지 않는 경향을 보이는 응답자에게는 다음의 생각해 볼 점을 제안했어요.

– 상대방이 자신의 직업적 성취도 중요하므로 사회적 돌봄 서비스나 가족의 도움을 적극적으로 받겠다고 한다면?
– 상대방은 아이를 어린이집에 보내려고 하는데 내 생각에는 조금 더 가정에서 양육이 필요하다고 생각한다면?
– 내 생각과 달리 상대방은 아이 양육에 필요한 소득이 더 필요하기에 나의 육아휴직을 반대한다면?

2) "**결혼에서만은 전통적인 편!**"에 해당하는 선택적 페미니즘 유형은 거의 없었어요. 4%의 응답자가 여기에 해당하였는데, 여성만 단 2명이었고, 남성은 없었어요. 연애와 아이를 양육할 때는 성역할을 나누지 않았는데, 결혼 후 아내는 집안일을, 남편은 가계 재정을 주로 담당하여야 하고, 아이가 태어나

면서 양육과 돌봄의 역할에는 엄마, 아빠 역할을 따로 나누지 않고 함께 하겠다고 결심하는 이러한 응답자에게는 다음의 생각해 볼 점을 제안했어요.

- 결혼을 준비할 때 남자/여자가 준비할 목록이 따로 있다고 생각하는가?
- 결혼 후 명절/양가 가족 기념일/집안일/재정 관리는 어떻게 나눌 것인가?
- 내 생각과 달리 상대방이 "처가보다 시댁 먼저, 여성은 가정, 육아는 엄마가" 등의 이야기를 하게 된다면? 또는 내 생각과 달리 상대방이 "가장이니 외벌이, 집안 대소사 결정은 당신이" 등의 이야기를 하게 된다면?

3) **"양육에서만은 전통적인 편!"**에 해당하는 선택적 페미니즘 유형은 21%로, 여성이 12명이었어요. 연애와 결혼에서는 성역할을 나누지 않았는데, 아이를 양육할 때 남자는 가장으로서 돈을 벌어와야 하고, 여자는 아이를 양육하고 집안일을 전담하는 역할에 어느 정도 동의하고 있는 응답자에게는 다음의 생각해 볼 점을 제안했어요.

- 상대방이 자신의 직업적 성취도 중요하므로 사회적 돌봄 서비

스나 가족의 도움을 적극적으로 받겠다고 한다면?
- 상대방은 아이를 어린이집에 보내려고 하는데 내 생각에는 조금 더 가정에서 양육이 필요하다고 생각한다면?
- 내 생각과 달리 상대방은 아이 양육에 필요한 소득이 더 필요하기에 나의 육아휴직을 반대한다면?

선택적 가부장제 유형에도 세 가지 종류가 있어요. **1) 연애에서는 합리적이지만…. 2) 결혼에서는 합리적이지만…. 3) 양육에서는 합리적이지만….** 앞선 테스트 주요 주제인 연애·결혼·양육 세 가지 중 한 가지 영역에서는 합리적이고 평등한 성향을 보이지만, 두 가지 영역에서는 전통적이고 가부장적인 성향을 고수하는 거예요. 이러한 결과를 선택적 가부장제 유형이라고 이름붙인 까닭도 앞선 이유와 동일하게 자신의 삶에서 합리적이고 평등하다고 여겨지는 요소와 가부장적이고 전통적인 역할에서 본인에게 유리한 요소를 혼합하여 받아들이고 있기 때문이에요.

1) "연애에서는 합리적이지만…"에 해당하는 선택적 가부장제 유형이 18%였고, 남성 2명, 여성 5명이었어요. 연애할 때는 성역할을 나누지 않았는데, 결혼과 아이를 양육할 때는 아내/며느리/엄마의 역할과 남편/사위/아빠의 역할이 나뉜다고 생각하는 응답자에게는 다음의 생각해 볼 점을 제안했어요.

- 내 생각과 달리 명절 및 양가 가족 기념일을 챙기는 일에 의견 일치가 되지 않는다면?
- 외벌이 상대방이 퇴근 후와 주말에 어느 정도 집안일/아이 양육을 담당할 것인가?
- 맞벌이의 경우, 아이 양육과 집안일 역할 분담을 어떻게 나눌 것인가?

2) **"결혼에서는 합리적이지만…"**에 해당하는 선택적 가부장제 유형이 절반인 50%였어요. 남성 4명, 여성은 16명이 응답하였지요. 결혼할 때는 아내/남편의 역할을 나누지 않았는데, 연애와 양육에서는 남녀의 역할을 구분하고 있죠. 이러한 경향성을 보이는 응답자에게는 다음의 생각해 볼 점을 제안했어요.

- 결혼을 준비할 때 남자/여자가 준비할 목록이 따로 있다고 생각하는가?
- 결혼 후 명절/양가 가족 기념일/집안일/재정 관리는 어떻게 나눌 것인가?
- 내 생각과 달리 상대방이 "처가보다 시댁 먼저, 여성은 직장보다는 가정에 전념" 등의 이야기를 하게 된다면? 또는 내 생각과 달리 상대방이 "가장이니 외벌이, 집안 대소사 결정은 당신이" 등의 이야기를 하게 된다면?

3) **"양육에서는 합리적이지만…"**에 해당하는 선택적 가부장제 유형은 33%로, 남성 2명, 여성 11명이 이에 해당했어요. 연애와 결혼생활에서는 남녀의 역할이 구분되어 있다고 생각하지만, 아이를 양육할 때는 엄마든 아빠든 공동으로 육아를 전담해야 한다고 생각하고 있는 이러한 유형의 응답자에게는 다음의 생각해 볼 점을 제안했어요.

- 내 생각과 달리 상대방이 육아는 '엄마'가 전담해야 한다고 생각한다면?
- 맞벌이 상황에서 아이가 아플 때마다 상대방이 나에게만 연차나 반차를 쓸 것을 계속 요구한다면?
- 상대방이 퇴근 후 매우 피곤하여 매번 나 홀로 육아와 집안일을 담당해야 한다면?

연애, 결혼, 출산과 양육은 우리 모두에게 있어서 아직도 중요한 인생의 한 부분임에는 틀림이 없어요. 그럼 우리는 어떻게 해나가야 할 것인가? 교회의 가르침과 성경의 말씀을 어떻게 받아들일 것인가? 다 같이 고민하는 문제들에 대해 언니들이 답했어요.

02
part

연애의
알파와 오메가

PART 2

연애의 알파와 오메가

연애. 참 쉽지 않은 일인데요. 연애를 시작하는 것도 쉽지 않지만, 우리가 사랑을 하면서 그것을 잘 지켜나가는 일도 어려운 것 같아요. 이 장에서는 연애에 대해서 한번 얘기해 보려고 하는데, 일단 뭐가 있을까요?

음, 일단 연애를 시작할 때 알고 있으면
좋은 것들에 대해서 한번 얘기해 볼게요.

여러분의 첫 연애는 언제였어요? 가장 좋았던 연애 혹은 가장 안 좋았거나 아쉬움이 남았던 연애는 어떤 것이었어요?

먼저 연애를 시작하는 패턴에 대해 생각해 볼까요? 사람들에게 연애를 어떻게 시작했냐고 물어보면, “그 사람이 나를 좋아해서 사귀게 되었어요”라고 대답하는 사람들이 있어요. 내가 좋다고 하면, 나에게 고백하면 연애를 시작하는 편이라면, 한번 찬찬히 그 마음을 잘 들여다보면 좋을 것 같아요. 나는 왜 나 좋

다고 하는 사람과 사귈까? 내 연애의 시작이 줄곧 내게 고백하는 사람들과만 사귀어왔다면 아마 두 가지 중 하나에 속할 수도 있어요. 첫째는 자신이 어떤 사람을 좋아하는지 아직 잘 몰라서 그럴 수 있고, 둘째는 '내가 뭐라고 날 좋아해 주나?' 하는 자기 사랑이 약간 낮으면 그럴 수 있어요. 두 가지 다 열심히 노력해야 해요. 자신이 어떤 사람을 좋아하는지 열심히 탐색하고, 부족한 대로, 있는 그대로의 자기 자신을 사랑해 주기를 계속해 나가면, 내가 좋아하는 사람과 나를 좋아하는 사람이 일치하는 그런 순간도 올 거예요. 내 연애의 시작이 어떤 방식으로 이루어졌는지를 한번 생각하는 것이 좀 더 나은 연애를 하는 방법이 될 수 있어요. 선택받기를 택하지 말고, 나도 함께 사랑할 수 있는 사람을 찾으세요.

내게 고백하는 사람, 즉 나를 좋아해 주는 사람과 사귀는 유형이 있다면, 두번째는 나의 필요를 채워줄 사람 혹은 그런 마술적인 기대를 하고 연애를 하는 유형이 있어요. 이 유형은 사랑받기를 원하는 경우라서 내가 해달라는 거 해주고, 나를 다 받아주고, 내 결핍을 채워주는 사람을 연애 대상으로 원하는 것이고, 그렇게 연애의 방향을 설정하죠. 처음에는 그런 욕구를 모두 채워주는 연애 대상이 있을 수 있지요. 그러나 누군가가 다른 사람의 욕구를 채워주는 것만으로는 연애가 지속되기 어렵기 때문에 언젠가는 상대방이 지치게 될 것이고 그 연애는 끝이 나게 될 거예요. 다른 한 존재를 나의 욕구 충족을 위해서 끝도 없이 이용하고 심리적으로 조종하게 되면, 언젠가는 좋지 않은 끝이 기다리고 있을 것이라고 말해주고 싶어요. 연애는 상호 주고받는 것이 있어야 하기 때문이에요.

나의 결핍은 내가 채워야 할 몫이기에 연애를 하면서 나의 결핍, 필요한 욕구를 상대방이 채워주기를 원한다면, 어쩌면 시작부터 오래 지속 불가능한 방향으로 연애가 가고 있는 것이지요. 하루에 몇 번 연락하고, 내가 연락하면 1시간 안에 답해라 혹은 저녁 몇 시 되면 집에 들어가서 나랑 영상 통화하자면서 그 사람의 삶을 내게 맞추어 조종하려는 사람들을 저는 상담하면서 상당히 만나봤어요. 그러나 타인 역시 욕구와 감정이 있는 존재잖아요. 일방적인 그 연애가 어디까지 갈 수 있을까요. 나의 필요와 결핍을 채워주는 사람, 내가 해달라는 것 해주고 정서적 욕구를 채워주고 나의 감정 기복을 받아주는 사람, "내가 이렇게까지 해도 날 사랑할 수 있어?" 하면서 나의 결핍을 채우고자 하는 일방적인 연애를 하지 말고, "연애를 시작하면서 더 나은 사람이 되려는 마음의 준비를 해라"라고 말해주고 싶어요. 연애를 시작한다면 늘 이 연애에서 나는 무엇을 받고 있고, 나는 무엇을 주고 있는지 생각하면서 서로 노력할 수 있는 사이가 건강한 연애라고 생각해요. 연애는 서로 잘 주고받는 관계가 되어야 해요. 선택받기를 기다리지 말고, 일방적으로 사랑받기를 기대하지 않는 방식으로 우리 연애의 시작을 설정하세요.

자, 이렇게 연애 초기에 진입했고, 연애를 잘하기 위해 서로 노력한다고 해도 연애 중 갈등은 불가피하게 일어나게 되겠지요.

연애 갈등이 참 다양할 것 같은데, 연애 중에 생기는 갈등의 유형과 대처 방법들을 소개해 주실 수 있을까요?

시작도 그렇지만, 연애에는 내 지분(내 역할)이 반 정도 있어야 한다고 강조하고 싶어요. 그 갈등이 주로 불거지는 영역이 경제적인 면이지요. 나보다 더 많이 내고 내게 좋은 선물을 사주면, 왠지 더 대접받고 더 사랑받는 느낌이 잠깐 들 수는 있겠죠. 그렇지만 매정하게도 경제적인 부분에서 한 사람이 더 많은 역할을 한다면, 다른 한 사람은 자신도 모르는 사이에 그 연애에서 다른 방식으로 그것을 보상 지불하게 될 수 있어요. 그것이 연애 중에 일어날 수도 있고 혹은 결혼한다면 결혼 후에 내가 더 많은 노동과 돌봄의 역할을 하게 되는 방식으로 내게 돌아올 수 있다고 생각하면 어때요? 또 어떤 사람은 "상대가 밥을 사면 나는 그래도 커피는 산다. 나는 공짜로 얻어먹지 않는다"라고 자신을 비교적 합리적인 사람인 것처럼 이야기하는데, 저는 그때 표정 관리가 어려웠어요. 우리 솔직히 까놓고 말해서(솔까말) 지금처럼 물가가 오른 시대에 밥을 사는 것과 커피를 사는 것 중 어떤 사람이 더 돈을 많이 쓰고 있을까요?

내가 이 연애에서 어느 정도의 경제적 지출을 하고 있는지는 나도 알고 상대방도 알고 있어요. 공정한 방식의 경제 지출이 여러분의 연애를 좀 더 평등하고 합리적인 방식으로 이끌 것으로 생각해요. 또 반대로 연애하면서 상대방에게 모든 것을 다 퍼주면서 돈 많이 쓰는 그런 연애도 하지 마세요. 연애에서 약자가 되고 호구로 가는 지름길입니다. 상대방은 점차 그것을 당연하게 생각할 거예요. 경제적 소비패턴, 돈 씀씀이도 연애할 때 서로 한 번쯤 유심히 살펴봐야 할 일이죠. 적당한 저축을 하는 사람인지, 아니면 일단 쓰고 보는 스타일인지 커플의 상황에 따라서 나와 그 사람의 소비패턴이 우리 연애에 어떤 영향을 미치는지는 더 말해 뭐해요. 장기적으로 미래를 생각하는 사이라면 서로의 재정 상태(대출 상황?)도 공유하고, 공동 통장도 만들고, 소비패턴도 필요한 경우 서로 맞추고, 그런 노력이 연애할 때 재정적인 면에서 함께 해야 하는 노력이라고 생각해요.

갈등이 생겼을 때 해결 방식에 관해 이야기하고 싶어요.

갈등이 생기는 원인은 두 사람의 성격 차이 혹은 주위의 사건이나 다른 인간관계로 인해서 발생할 수 있기 때문에 갈등의 원인은 너무나 다양하겠지요. 중요한 것은, 일어난 갈등 상황에 대해서 두 사람이 합의하는 중간의 해결 방식을 만들어 가야 해요. 갈등을 해결해 나가기 위한 대화와 조율이 필요하지요. "말하지 않아도 알아요. 그냥 바라보면~ 마음속에 있다는걸~"이라는 초코파이 CF의 영향인지, 가까운 사람일수록 화난 걸 이야기하지 않고 오히려 "그걸 말하지 않으면 정말 모르냐?"라고 화를 내죠. "너랑 나 사이에 이걸 내가 꼭 말해야 하냐? 네가 정말 나를 사랑하는 것이 맞긴 하니?"라는 말을 듣는다면, 진지하게 "말하지 않은 마음은 모른대"라고 말해주고 싶어요. 믿지 못

하면, 심리상담 전문가의 말이라고 제 이름(걸크희선)을 덧붙여 주세요.

화를 꾹꾹 눌렀다가 더 이상 참지 못할 때까지 가서 한꺼번에 폭발하듯 터지면서 이별을 고하거나 관계에 선 긋는 사람들이 꽤 있는데, 저는 그건 상대방에게 '부당한' 행동이라고 생각해요. 연애하는 커플의 갈등은 작게 작게 풀어야 하고, 지금 선 밟았다, 선 넘었다 친절하게 알려주고, 내 마음의 기분을 매일 보는 일기예보처럼 차근차근 친절히 알려주기를 바라요. 일기예보가 아니라 관계예보라고 할까요? 지금 약간 흐리다, 지금 장마철이다, 우리 사이 벚꽃 피는 봄날 같아 행복하다, 지금 우리 사이가 추운 겨울 같아서 싸늘하다. 관계를 예보하는 이런 경고성(!) 발언을 듣고 그에 따르는 노력을 서로 한다면, 현명하게 연애 갈등을 풀어나갈 수 있을 것 같아요. 그리고 누군가에게 선 넘었다고 말하려면, 먼저 자기의 주관적인 '선'을 알려줘야 합니다. 그래야 상대방이 지금 선을 밟았는지, 선을 넘었는지 알 수가 있으니까요. 사람마다 상식에 대한 기준이 다 다르고 자기만의 선이 다르기에 자신의 주관적인 선을 넘었다고 상대방에게 분노하고 관계의 단절을 선언하는 것은 상대방에게 온당한 행동이 아니라는 것을 저는 재차 강조하고 싶어요.

연애에 있어서 중요한 것은 서로 화난 것을 풀어가는 방식에 대해서 둘이 합의할 수 있는 중간의 방식을 찾는 것이라고 생각해요. 한 사람은 잠시 시간을 가지고 떨어져서 동굴에 들어가야 하고, 한 사람은 바로 이야기해서 풀고 싶은 경우라면, 그 둘 사이에 합의하는 시간을 만들어야 해요. 어느 한 사람의 방식에 무조건 맞춘다면, 다른 한 사람은 그 시간이 얼마나 힘들겠어요. 헤어질 때 헤어지더라도 갈등을 알고, 뭐가 문제였는지 인지하고, 그를 위해 노력해도 서로가 안 맞는다고 느낀다면, 그때는 헤어짐을 선택할 수도 있겠지요. 이렇게 치열한 노력을 하지 않으면, 간혹 상담실에서 미련을 가지고 "그때 그 사람이랑 헤어지지 않았다면 어땠을까요?" 눈물을 흘릴 수도 있어요.

그때 주로 하는 말은 "지금 생각해 보면 그 사람이 나에게는 좋은 애인이었는데, 내가 괜한 고집과 만용을 부렸어요. 내가 미성숙했어요. 괜히 내가 부끄러워서 헤어지자고 했어요." 이런 말을 하더라고요. 헤어짐에 도달하기까지 서로 할 수 있는 노력을 다해보세요. 아무런 미련도 후회도 남지 않게. 그럼, 이제 자연스럽게 연애의 '끝'에 대한 이야기를 해볼까요?

연애가 끝났다고 느낄 때
연애의 마무리는 어떻게 하면 좋을까요?

연애를 잘 지속시키는 것도 중요하지만 연애의 끝, 'good bye'를 잘하는 것도 매우 중요한 일이지요. 그렇다면 좋은 이별이란 무엇일까요?

좋은 이별이라면 일단은 평화롭고 안전하게 이별을 이야기할 수 있어야겠죠. 요즘 이별 이후 범죄 사고가 나는 경우가 많아서 안전 이별을 하는 것도 매우 중요하지요. 당신과 함께 좋았던 것과 이별의 때가 다가온 것에 대해서 서로 마음의 준비가 될 때를 기다려 애써 담담하게 이별할 수 있다면 좋은 이별이라고 할 수 있을 것 같아요. 다들 경험이 있다면 아시겠지만, 물론 그런 좋은 이별을 할 기회는 흔치 않아 보여요. 그러나 적어도 이별할 때 서로 막말하지 않고, 한쪽이 일방적으로 이별을

통보하면서 잠수 타지 않는 이별이면 좋겠어요. 서로 뜨겁게 사랑했던 시간, 그 시간을 존중한다면요.

그다음으로 연애가 끝났을 때, 나 혼자 할 수 있는 과정은 '나의 연애로부터 배우기'예요. 이 연애가 왜 끝났는지를 꼭 생각해 보세요. 어떤 부분이 우리를 헤어지게 했는지. 헤어진 연애를 분석해야 이후에 더 나은 연애를 할 수 있기 때문이에요. 더 좋은 애인은 그냥 오지 않아요. 이 연애와 다음 연애 사이에 내가 좀 더 성숙한 사람이 되어있어야 이후에 더 나은 사람, 나랑 더 잘 맞는 사람을 만날 수 있어요.

마지막으로 끝이 난 연애 혹은 인간관계에 대해서 너무 자책하지 마세요. 저는 '시절인연'이라는 말의 의미를 가끔 성찰하는 편인데, 관계가 끝나면 누구나 아프고 속상하고 자책하게 되어있지요. 앞에서 언급한 연애를 위한 노력 혹은 관계를 이어나가기 위한 노력을 내가 후회 없이 했다면, '그 시절의 인연이 다했다. 옷이 낡아서 해지듯 인연이 해졌다. 그래서 우리가 헤어지게 되었구나'라고 생각하면 조금은 마음이 나아질 수 있을 것이고 자신을 잘 다독이고 살아가게 되겠죠.

이렇게 연애의 시작, 연애 갈등을 다루는 법, 좋은 엔딩 하기 등등 연애에 대해 전반적인 이야기를 나눠보았는데, 인간관계의 핵심을 간단히 표현한다면 저는 이렇게 생각해요. (인간관계의 아주 중요한 Tip이니 잘 기억하세요.)

그 사람이 좋아하는 것을 더 많이 해주려고 하고,

그 사람이 싫어하는 것을 하지 않으려고 노력한다.

게리 채프먼의 '사랑의 언어'(love language: 인정하는 말, 봉사, 선물, 퀄리티 타임, 스킨십)를 보면, 사람들은 자기가 사랑을 느끼는 표현 방식이 있어요. 중요한 것은 상대방을 관찰하고 그 사람이 좋아하는 대로 해줘야 하는데, 많은 경우 그 사람과 상관없이 내 사랑의 언어를 표현하면서 사랑의 시그널이 어긋나게 되는 거죠. 상대방의 사랑의 언어가 봉사라면 그 사람 옆에서 그를 도와줘야 하는데, 내 사랑의 언어인 인정하는 말만 자꾸 하면 그 사람은 어쩌면 나를 '말로만 하고, 행동하지 않는 사람'이라고 생각할 수도 있거든요. 여행을 다녀왔는데 "내 선물 뭐 사 왔어?"라고 한다면, 내 사랑의 언어가 선물이 아니더라도 다음부터는 상대를 위해서 작은 선물을 사 오는 것이 사랑의 표현인 거죠. 반대로 선물이 사랑의 언어가 아닌 상대에게 계속 선물 공세를 하면서 "내가 너를 이만큼 사랑했는데 그것도 몰랐냐?" 한다면 어떻게 될까요?

"뭘 좋아하고 싫어하는지 그걸 어떻게 알 수 있죠?"라고 묻는다면, 저의 대답은 일단 상대를 관찰하세요. 그래도 잘 모르겠으면 구체적이고 정확하게 물어보세요. 사랑의 언어도 물어보고, MBTI도 물어보고(F와 T/J와 P), 화가 났을 때 어떻게 표현하는지, 당신이 화가 났을 때 내가 어떻게 해주기를 바라는지, 서로에게 관심을 가지고 뭘 좋아하고 뭘 싫어하는지 많은 질문을 하세요. 그 사람에게만 일방적으로 맞추라는 말이 아닙니다. 인간관계의 저 원칙은 상대방에게도 해당하니까요. 내가 뭘 좋아하고 뭘 싫어하는지 자꾸 알려줘야 합니다. 인간관계는 사랑하는 사람들끼리 서로 예민하게 주파수를 맞추는 작업이에요. 주파수가 딱 맞았을 때 그 선명하고 아름다운 소리를 기대하며 함께 노력해 가는 과정이 바로 사랑의 기술 아닐까요. 『사랑의 기술』에서 정신분석학자 에리히 프롬은 사랑은 '기술'이기 때문에 배우고 공부해야 한다면서 "누군가를 사랑한다는 것은 단순히 강렬한 감정만이 아닌, 결의이자 판단이고 약속"이며 "사랑은 '참여하는 것'이지 수동적인 감정에 빠지는 것이 아니다"라고 말했어요. 사랑에 참여할 용기와 결의를 한다면….

좋은 인연, 옵니다.

또 옵니다.

03
part

하나님이 예정하신
배우자가 있나요?

PART 3

하나님이 예정하신 배우자가 있나요?

하나님이 정해주신 배우자를 알아볼 수 있나요?
그것도 기도해야 하는 건가요?

하나님이 정해주신 배우자를 알아볼 수 있는지, 또 누구와 결혼해야 하는지 그리고 내가 사랑하는 사람은 과연 하나님이 정해주신 배우자가 맞는지. 이런 고민은 결혼을 생각해본 여성들이라면 한번쯤은 다 생각해보았을것 같아요. 어떤 분은 이런 질문을 하셨어요. "성경에 보면 하나님은 진짜 우리의 머리털까지 세시는 분이라고 하는데, 그러면 저보다 저를 잘 아시는 분이 하나님이신데 제가 말하지 않아도 저한테 맞는 배우자를 주시지 않을까요?" 이 말은 하나님은 우리의 모든 필요를 아시고 미래와 삶을 이끌어가시는 분이시기에 나의 배우자도 준비하셨으리라는 것이죠. 이 여성의 이야기처럼 마태복음 10장 30절에 보면 "너희에게는 머리털까지 다 세신 바 되었나니"라는 구

절이 나옵니다. 그러나 이 말을 문자그대로 믿는 여성들은 없으리라 생각합니다. 왜냐하면 성경에는 전체 맥락이 있고 또 당시의 사람을 향해 쓰인 역사적 문화적 배경이 있으니 말이죠. 이 말은 하나님께서 우리에 대한 모든 것을 알고 계시며 가장 작은 세부 사항까지 파악하고 계신다는 의미로 해석해야겠죠.

저는 이 질문에 대답하기 위해 창세기 24장 리브가와 이삭의 결혼에서 교훈을 찾아보려고 하는데요. 이삭과 리브가가 결혼하는 과정을 살펴보면, 하나님이 아브라함에게 직접 지시한다든가, 계획적으로 에서와 리브가를 극적으로 만나게 하는 부분은 없어요. 단지 아브라함은 그의 종 엘리에셀에게 지시할 뿐이죠. 가나안에서 며느리를 찾지 말고 자기 족속으로 가서 찾으라는 것. 저는 이것이 결혼에 대한 최소한의 큰 전제를 주신 것이라고 생각합니다. 그리고 이런 말을 덧붙입니다. "만일 여자가 너를 따라 오려고 하지 아니하면 나의 이 맹세가 너와 상관이 없나니 오직 내 아들을 데리고 그리로 가지 말지니라"(창 24:8). 여기서 보면 리브가를 미리 정해놓았다고 보기는 어려울 것 같아요. "따라 오려고 하지 않으면"이라는 가능성의 영역을 남겨놓은 것으로 봐서 리브가의 의지와 결단도 중요하게 봐야 하지 않을까 싶어요.

다음은 '배우자 기도'에 관한 이야기입니다. 사랑하는 사람을 만나고 싶은 열망과 결혼을 향한 갈망이 시작될 때, 그때가 철학의 시작이고 문학의 시작이지만 또 '신앙'의 시작이기도 한 것 같아요. 그런데 주변을 살펴보면 누군가를 만나기 전까지는 열심히 기도하다가, 막상 사랑에 빠지면 기도를 오히려 안하게 되는 경우도 많이 보았어요. 사랑이라는 열정이 사랑하는 사람과의 거리를 좁혀놓기 때문에 하나님이 개입할 공간이 안생기는 거죠. 즉 열정이라는 지극히 정상적인 혼돈에 빠진 상태가 되기 때문에 그동안의 굳건했던 토대와 기준도 허물어지기 때문이죠.

그때가 진짜 기도를 시작해야 하는 시기인 것 같아요. 연애나 결혼생활도 행복하게 흘러갈 때는 기도의 틈을 찾지 못하는 듯합니다. 그런데 급작스러운 이별이라든지 위기로 인해 나의 세계가 분열되고 조각나고 파편화되는 경험을 할 때, 그 틈에 기도가 들어가야 해요. 기도는 그와 그녀와의 끊임없는 메타인지의 과정이기도 하고, 두 사람 사이에 하나님을 두면서 상대에 대한 거리 조절을 할 수 있는 시간이기도 한 것 같습니다. 또 기도를 통해 자기 자신의 욕구와 욕망의 조각들을 발견하기도 하고요. 그 안에 있는 상처와 결핍, 미해결된 아픔들을 보기도 하는 것 같아요. 우리는 그것에 주목해 보아야 하고요. 그래서 기도를 통해 관계를 다시 점검하고, 정리하기도 하고 나아가 기도 할 수 있기 때문에 기도는 꼭 필요하다고 생각합니다.

내가 좋아하는 사람을 좋아하도록 마음을 주신 건지,
그냥 내 의지대로 좋아하게 된 건지 궁금해요.

우리 인간을 향한 하나님의 궁극적 전제가 성경에 있다고 생각해요. 요한3서 1장 2절의 말씀인데요. "사랑하는 자여 네 영혼이 잘됨 같이 네가 범사에 잘되고 강건하기를 내가 간구하노라." 이 말씀 안에서 우리는 선택할 수 있고, 모험할 수도 있고, 시도할 수도 있다고 생각합니다. 우리가 누군가를 좋아하게 되는 모든 과정도 하나님의 형상대로 지음 받은 우리에게 있는 하

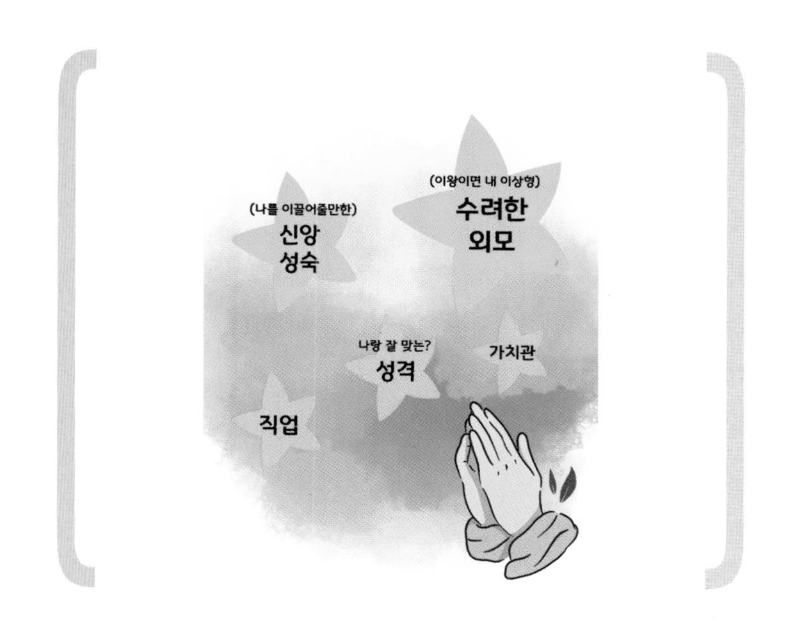

나님의 사랑의 흔적, 아들까지 주신 열정적인 사랑의 이야기죠. 따라서 누군가를 사랑하는 마음은 지극히 자연스럽고 또 그렇게 흘러갈 수 있는 과정인 것 같습니다. 다시 말해 우리 안에는 모든 사람을 사랑할 가능성도 있다고 봐야겠죠.

그래서 누구를 좋아하는 마음은 하나님이 주신 너무나 자연스러운 마음이니 그것이 내 의지이냐, 하나님 주신 마음이냐, 이런 구분의 전제는 맞지 않는 것 같아요. 왜냐하면 하나님의 사랑이 우리 안에 있다면, 누구나 사랑할 수 있는 능력이 이미 주어졌기 때문입니다. 그러나 심리학적 조언을 하나 첨언하면, 내 마음이 흘러가는 그 사람은 나의 연민, 긍휼 혹은 결핍과 욕망을 따라 움직일 가능성도 있어요. 그런 것이 다 잘못되었다는 것은 아니지만, 반복적으로 같은 사람에게 끌리고 상처받는 상황이 생긴다면, 그때는 나의 마음을 점검해 봐야 할 것 같아요. 그건 나의 아픈 상처가 만들어 낸 아직 치유되지 못한 흔적이 '나쁜유령'처럼 따라다니기 때문입니다. 그러나 만약 우리가 누군가를 사랑할 때 경계심이 지나치게 들거나 불안한 마음이 들더라도 일단 첫 번째는 기뻐하면 좋겠어요. 왜냐하면 꽁꽁 싸맨 마음의 실타래가 풀려 누군가를 좋아하는 마음이 든 것은 사랑의 마음이 회복되었다는 거니까요. 나만을 향해 있던 에너지의 흐름이 타자를 향한 관심으로 흐르기 시작했다는 것 자체가 어쩌면 사랑할 수 없는 자기중심적 상태를 벗어난 것이기에 축하할 일이라는 점! 그리고 두 번째는 누군가를 사랑하지만 경계심과 버림받을지 모를 불안 때문에 힘들어하시는 분들이 있다면, 다시 요한3서 1장 2절의 말씀을 생각하시면 좋을 것 같아요. 하나님이 우리에게 주시기를 원하는 것은 우리가 잘되고 강건해지는 것! 그래서 혹시 사랑하다가 상처를 받더라도 여러분의 존재가 붕괴되는 것은 아니라는 것을 기억하시면 좋겠어요. 아픈 시간이 혹시 찾아오더라도 내 전체가 파괴되거나 무너진 것이 아니니, 그 안에 하나님의 흔적인 선함의 한 조각을 꼭 찾으시길 바랍니다. 그 조각이 우리를 살려내고 살아내게 할 것입니다. 선함을 간직한 우리는 참 귀한 존재입니다.

배우자 기도는 꼭 해야 하는 건가요?
원하는 이상형을 바라고 기도하면 안 되나요?

배우자 기도는 하는 것이 좋다고 생각해요. 기도한다는 것은 어떻게 보면 교회 안의 인정 질서에 속하고 싶다는 것이고, 기독교인으로 사는 최소한의 경계를 지키게 하는 삶의 방법이라고 생각합니다. 그런데 만약 기도하더라도 "키는 180에 연봉은 1억, 얼굴은 차은우…." 이런 기도만을 한다면, 너무 정직한 세속적 욕망을 따라가는 기도이고, 이건 나의 욕망에 기도를 도구화하는 게 아닐까 싶어요. 또 반대로 "주님 제게 예수님 같은 사람을 보내주셔서 저의 욕심대로 살지 않고 주님과 인류에 공헌할 수 있는 그런 사람을 배우자로 주옵소서…." 이런 기도를 하는 분이 있다면, 앞서 말한 너무 세속화한 욕망의 기도와 다른 면에서 비현실적인 기도인 것 같습니다. 어떤 분은 배우자 기도를 구체적으로 하라는 조언을 하기도 하는데요. 이런 기도가 좋다 나쁘다는 판단보다 각 개인이 가지고 있는 욕망을 현실 가능한 수준으로 해결하고, 동시에 기독교인으로서 그 모든 것을 초월 또는 승화하고자 하는 방향을 찾아야 한다고 생각합니다. 현실에 적응하고 행복하기 위해 추구하는 욕망 자체를 너무 폄훼

해서는 안 되겠죠.

저는 그것을 '성장'이라는 키워드로 다시 풀고 싶어요. 누군가를 만났을 때, 그 사람과 '쿵짝'이 잘 맞는지에 대한 감각을 느껴보는 거예요. 그런 것을 심리적 다이내믹이 잘 맞는다고 하죠. 가령 우리가 '콩깍지' 같은 것에 씐 상태에서는 안 맞는데 잘 맞는다고 착각하기도 하고, 시간이 지나 콩깍지가 벗겨지고 나면 그 사람은 변한 게 없는데 너무 안 맞는다고 오해하기도 하죠. 하지만 사랑할 때는 그런 것이 적당히 맞으면서, 너무 세속적이라 할 수 있는 사적 욕망을 조금은 경계하되 지나치게 배제하지는 말고, 이 사람을 만나 범사에 잘 되고 강건함에 이를 수 있는 데에 서로 도움이 될 수 있는 사람인가를 질문해야 할 것 같습니다. 그래서 서로가 무엇에 관심 있는지 신호를 잘 알아차리고 호응해 주는 것도 중요할 것 같아요.

너무 '이상형'이라는 욕망에 치우치다 보면, 그것을 우선하게 되어 무수하게 탐색할 수 있는 사랑의 가능성을 놓치거나 알아채지 못하게 될 수 있어요. 예를 들면 아버지가 술 먹는 것이 싫으면 술만 보게 되고, 예수 믿는 것이 중요하면 그것만 보게 되면서, 다른 것들을 간과할 가능성이 있잖아요. 중요한 건 두 사람이 만나 성장할 수 있는 관계가 되는지를 보는 거라고 생각해요. 만약 결혼하게 되어 시간이 지나면 처음의 콩깍지가 벗겨지면서 "우리가 매우 안 맞는다는 비극(?)"을 경험할 가능성이 크기 때문에, '이상형'의 기도는 어릴 때 하는 기도인 것 같고, 시간이 지나면서 사랑하는 사람을 만나기 위한 기도는 함께 멍에를 지고 기쁠 때나 슬플 때나 고난을 함께 져 줄 수 있는 사람인가를 알아볼 수 있는 눈으로 발전하는 게 좋은 것 같습니다.

하나님이 주신 배우자를 확신하고 알아볼 수 있나요?
그리고 하나님이 정해주신 배우자가 아닌 것 같으면
헤어질 수도 있나요? 청년들에게 하고 싶은 말이 있다면?

앞에서 말한 것으로 대답이 될 것 같습니다. 하나님은 모든 사람을 사랑할 수 있는 능력을 주셨다는 것을 인식하는 것이 중요한 것 같아요. 그래서 하나님을 중심에 두고 기도를 계속하다 보면 사적 욕망에서 시작했다 하더라도 하나님의 섭리를 발견해 내는 과정으로 인도받을 수 있는 것이라고 봅니다. 하지만 나의 강렬한 욕망에 머문 기도는 결핍이 이끄는 대상을 만났을 때 하나님의 응답이라고 믿어 의심치 않으며 대상에 기도를 맞추기도 하는 것 같습니다. 여기서 우리가 중요하게 생각해야 하는 부분은 결혼은 하나님의 창조 섭리에 동참하는 과정임을 알아야 한다는 거죠. 결혼은 낯선 타자가 서로의 세계를 개방하면서 경계를 허물며 틈입해 가는 과정입니다.

앞서 말했듯이 하나님이 딱 '정해주신' 사람은 없지만, 합

당한 사람은 있을 수 있다고 생각해요. 그래서 특정한 내용을 내려놓고 사랑하는 우리 두 사람이 만나 무엇이 만들어질지 모르는 새로운 미래를 향해 하나님과 손잡고 용기 있게 내딛는 것이 결혼인 것 같습니다. 누구든지 가능하나 좋은 선택은 꾸준한 기도를 통한 알아챔과 그리고 믿음에 있지 않을까 싶어요.

그러나 이런 이야기를 하면서도 마음이 아픈 것이, 저희 세대와는 달리 지금 20대와 30대는 더 많은 절망을 느끼는 시대인 것 같아요. 낭만적인 기대나 노력으로 성취될 수 있는 부분이 약한 사회구조에 산다는 것, 그 부분이 참 안타깝고 애잔

한 마음이 듭니다. 노력한 만큼 성취되거나 결실을 얻을 수 있다고 믿는 청년들이 줄어들고 있고, 꿈을 포기하는 청년들이 많기 때문이죠.

존 F. 케네디가 말한 "Life is unfair"(인생은 불공평하다)라는 이 잔인한 짧은 문장의 한편에는 이런 현실이 있는 것 같아요. 어떤 사람은 노력한 것 별로 없이 부자로 태어나기도 하고, 좋은 부모 밑에서 태어나기도 하지만, 어떤 사람은 가난 때문에 군대에 들어가거나 전쟁에 참여해야 하고, 등록금이나 생활비 때문에 청춘을 혹사당하는 청년들이 많죠. 하지만 이건 비단 신자유주의가 주는 새로운 형태의 비극이 아니라 어느 시대에나 존재해 왔던 불공정이고 부정의인 것 같습니다.

그래서 오늘날에도 우리에게는 '존재의 용기'가 필요합니다. 세상에 퍼져 있는 부조리의 힘과 악의 세력 속에서 우리는 매일 반복되는 무거운 바위를 지는 노동을 감내하며 살아가죠. "왜 나만…"이라고 불평하고 반항하는 저를 포함한 현대인에게 수동적으로 부조리에 지지 말고 적극적으로 의미를 찾고 돌파하자고 격려하고 싶어요. 배우자도 마찬가지죠. 꼭 맞는 배우자는 없을 수 있어요. 살다가 환멸이나 실망을 느낄 수도 있고요. 그럴 때 포기하거나 쉽게 절망하지 말고 솔직하게 하나님께 고하면서 돌파하는 용기를 지니라고 말하고 싶어요.

불안한 미래를 걱정하는 어른들에게

여러분 많이 힘드시죠? 어른이 되고 성장한다는 것은 견디는 법을 배우는 것 같아요. 미래가 너무 불안하다면, 너무 높은 이상보다는 작은 성공을 먼저 이루어 보는 경험을 해보면 어떨까 싶어요. 이런 성취감이 쌓이고 쌓이다 보면 자신감도 생기고, 그를 바탕으로 해서 자존감도 높아질 수 있거든요. 그리고 그다음 단계를 향해서 도전해 볼 수 있는 용기도 생기고요. 그래도 불안하다면 여러분이 무엇을 하든, 어디에 있든 혼자가 아니라는 것을 기억하세요. 여러분과 연결되어 있는 우리 주 하나님은 훨씬 큰 존재이시잖아요. 더 큰 존재에게 위탁할 수 있는 것이 '믿음'입니다. 그리고 의지할 수 있는 것은 '용기'입니다. 이 '믿음'과 '용기'로 견디고 살아내는 법을 배우고 성장하는 것이 어른이 되어가는 것 같습니다.

04
part

결혼은
꼭 해야 하나요?

PART 4

결혼은 꼭 해야 하나요?

결혼은 꼭 해야 하나요? 아담과 하와를 만드셔서 짝을 지어주셨으니, 결혼은 반드시 해야 한다고 하는데, 맞나요?

일반적으로 창조 이야기의 아담과 하와에게서 결혼의 중요성과 필요성을 해석하고 읽어내지요? 창세기 2장에서는 하나님께서 아담을 위해 하와를 창조하시고, 그 둘이 결혼하여 한 몸이 되었다고 이야기하고 있어요. 하나님은 아담이 혼자 있는 것이 좋지 않다고 판단하시고, 그의 갈비뼈 하나를 취해 하와를 만드셨다지요. 아담은 하와를 보고 "이는 내 뼈 중의 뼈요 살 중의 살이라"라고 말하였고요.

특히 하나님이 "혼자 있는 것이 좋지 않다"라고 하셨기에 결혼은 당연히(!!) 해야만 하고 비혼은 죄(!!!)라고 강조하는데요. 그러면 잠깐만, 사람이 반드시 결혼해야만 한다면 왜 예수님은 결혼했다는 이야기가 없고, 초대교회 시대부터 중세까지

의 교회는 왜 오히려 독신을 더 성스러운 삶으로 여긴 걸까요?

"예수님은 하나님이자 하나님의 아들이니까 인간에게서는 짝이 없어서!"라고요? 그럼 예수님 말씀도 한번 들어볼까요? 예수님께서 마태복음 19장 12절에서 하신 말씀을 보지요.

> "어머니의 태로부터 된 고자도 있고, 사람이 만든 고자도 있고, 천국을 위하여 스스로 된 고자도 있도다. 이 말을 받을 만한 자는 받을지어다."

이 구절은 예수님이 결혼과 독신에 대해 말씀하시면서, 천국을 위해 스스로 독신을 선택한 사람들을 언급한 것이에요. 하나님이자 하나님의 아들인 예수님이 결혼하지 않고 독신으로 사는 것이 천국을 위해 헌신하는 한 방법임을 인정하신 거고요. 따라서 예수님이 이미 다양한 삶의 모습을 인정하고 우리에게 선택의 자유를 주셨다고 보는 게 맞을 거 같아요.

그래도 비혼은 자꾸 죄라고 가르치는 분들이 많은데요?

비혼은 지금 나타난 삶의 새로운 형태가 아니라 굉장히 오래된, 결혼만큼 인간이 오래도록 가져온 삶의 모습이에요. 물론 과거에는 주로 종교적인 이유로, 종교에 헌신하기 위한 비혼/독신이 대부분이었지만요. 기독교 역사에서 비혼/독신은 굉장히 중요한 삶의 형태 역할을 해 왔어요. 사도 바울은 고린도전서 7장에서 독신 생활을 권장하며 독신이 하나님을 더 잘 섬길 방법이라고 설명하기도 하고요.

> "나는 모든 사람이 나와 같기를 원하노라. 그러나 각각 하나님께 받은 자기의 은사가 있으니 이 사람은 이러하고 저 사람은 저러하니라. 내가 결혼하지 아니한 자들과 과부들에게 이르노니 나와 같이 그냥 지내는 것이 좋으니라. 만

일 절제할 수 없거든 결혼하라. 정욕이 불 같이 타는 것보
다 결혼하는 것이 나으니라."

중세 시대에서는 더욱 중요한 삶의 형태로, 교회에 종사하는 사람들의 독신제가 1123년 공식적으로, 교회법으로 선포되었지요. 하지만 이렇게 묻고 싶겠죠? 그분들(비구, 비구니, 신부, 수녀)은 종교적 이유로 비혼/독신이지만, 나는 종교에 종사하지도 않는데 그럼 결혼해야 하는 거 아니냐고요.

기독교는 하나님의 초월성과 절대성을 말하기도 하지만, 그 하나님은 또한 인간에게 선택권을 주시는 분이에요. 이를 자유의지라고 하지요. 굉장히 중요한 신학적 개념인데, 자유의지란 우리가 나의 선택에 따라 행동할 수 있는 권리와 능력을 가진 동시에 그에 대해 책임질 의무도 가졌다는 뜻이에요. 하나님은 우리를 꼭두각시로 만드시는 분이 아니고, 자기 삶에 대해 선택의 자유와 책임을 진 한 인격체로 대접하시는 분이에요. 예수님도 "스스로 고자 되는 자, 천국을 위해 고자 되는 자"라고 하시며 꼭 종교적 이유가 아니더라도 비혼/독신의 삶을 인정하셨어요. 하나님은 당신의 자유의지에 따른 선택을 존중하신답니다.

결혼은 사랑의 무덤인가요 아니면 열매인가요?
하나님이 기뻐하시는 부부의 모습은 무엇일까요?

이 질문은 2024년 훌다가 소셜미디어를 통해 한 '연애 결혼 테스트'에서 나온 질문이라 가지고 와 봤어요. 결혼은 무엇일까요? 아담과 하와로 돌아가 보면 알 수 있을 것 같아요. 이 창조 이야기를 종교학적으로는 '원인론적 설화'라고 하는데요, 이것은 어떤 현상이나 전통의 시작, 이유 등을 설명하기 위한 이야기예요. 이런 이야기들은 자연 현상이나 우리가 살아가는 관습, 위계질서, 지리적 특징 등 다양한 것들의 시작점, 이유를 설명하고 있지요. 예를 들어 노아의 홍수 후 하나님께서 약속의 의미로 무지개를 만들어 주시는데, 이것은 비가 온 후에 생기는 무지개라는 자연현상을 설명하는 것이지요. 한국의 단군신화도 마찬가지로 원인론적 설화로 볼 수 있어요. 한민족의 시작점을 설명하는 이야기이지요. 따라서 이러한 원인론적 설화는 어떤 문화의 가치관이나 세계관을 담고 있어요.

그러니까 이런 것이지요. 유대인들이 보기에 "남자와 여자는 당연히 결혼해서 아이를 낳는데, 왜 그 출산 과정이 이렇게 고통스럽고, 노동을 통해 자연에서 생계를 꾸려 나가는 것이 이렇게 힘든가?"라는 질문에 대한 대답을 담고 있는 것이 바로 에덴동산의 타락 이야기예요. 창조 이야기는 "이 세상은 왜 만들어졌는가?", "어떻게 만들어졌는가?", "인간은 어떤 존재인가?"라는 질문에 대해 그 이유를 알려주는 이야기고요.

창조 이야기에 의하면 하나님은 남자와 여자를 만드시고, 남자와 여자는 서로의 존재를 매우 기뻐하며 살아요. 그것이 시작이지요.

"아담이 이르되 이는 내 뼈 중의 뼈요 살 중의 살이라. 이것을 남자에게서 취하였은즉 여자라 부르리라 하니라. 이러므로 남자가 부모를 떠나 그의 아내와 합하여 둘이 한 몸을 이룰지로다. 아담과 그의 아내 두 사람이 벌거벗었으나 부끄러워하지 아니하니라"(창 2:23-25).

서로에게 존재론적인 벽이 전혀 없었다는 표현이 나오지요? 서로를 타인으로 인식하지 않고, 나와 다름없는 또 다른 나, 나의 확장으로 여기는 모습이에요. 이런 경우에는 이해타산이 전혀 들어가지 않아요. 상대는 또 다른 나니까요. 주로 무엇 때문에 결혼 후에 싸우나요? 네 것 내 것, 너의 노동과 나의 노동, 나의 자유와 너의 자유, 나의 돈과 너의 돈을 구분하기 때문에 싸우는 거예요. 그럼 결혼은 사랑의 무덤이 되는 것이지요. 여러분은 그 장면 역시 창세기에서 확인할 수 있어요.

"여호와 하나님이 아담을 부르시며 그에게 이르시되 네가 어디 있느냐 이르되 내가 동산에서 하나님의 소리를 듣고 내가 벗었으므로 두려워하여 숨었나이다 이르시되 누가 너의 벗었음을 네게 알렸느냐 내가 네게 먹지 말라 명한 그 나무 열매를 네가 먹었느냐 아담이 이르되 하나님이 주셔서 나와 함께 있게 하신 여자 그가 그 나무 열매를 내게 주므로 내가 먹었나이다"(창 3:9-12).

죄를 짓고 난 후 아담과 하와의 관계성은 처참하게 깨집니다. 아담은 자기 행동의 탓을 먼저 하나님께 돌리고("하나님이 주셔서 나와 함께 있게 하신 여자"), 하와의 탓으로 돌립니다("여자 그가 그 나무 열매를 내게 주므로"). 이제 더 이상 두 사람은 하나의 존재처럼 사랑하지 못하고요. 서로가 서로를 불신하며, 서로의 탓을 찾고, 불행의 원인 역시 서로에게로 돌리며 살아가겠네요.

하나님이 기뻐하시는 부부의 모습은 창조의 바로 그 모습이겠지요? 하지만 그렇게 살기란 매우 어렵긴 합니다. 우리는 부족한 인간일 뿐이니까요. 저도 이 글을 쓰고 있지만, 아이를 낳고 나서는 서로가 가사와 육아, 맞벌이에 지쳐가며 많이 싸우고, 갈등하고 또 그러면서도 서로를 측은히 여기기도 하고 그러며 살아갔어요. 우리가 결혼할 때, 우린 서로 사랑하던 연애할

때만 생각하기 쉬워요. 하지만 연애와 결혼은 정말 엄청 달라요. 일단 여러분이 그렇게 많이 하지 않던 가사 노동을 해야 해요. 집은 금세 더러워지고, 쓰레기는 어느덧 가득 차요. 빨래는 매일 해도 끝이 없고요. 화장실 청소, 음식물 쓰레기, 장보기 또 가끔은 전등도 고장 나지요!

낭만적인 결혼 생활이라는 건 존재하지 않아요. 옛날 동화는 그런 것들은 절대 이야기해 주지 않고 "그 후로 둘은 오래오래 행복하게 살았습니다"로 끝나지만요, 현실은 파김치가 되어 들어오면 또 치워야 하는 아침에 벗어놓고 간 옷, 지금 벗을 옷,

아침에 썼던 컵, 어느새 떨어진 화장지들이 즐비한 게 실제 생활이에요. 여기에 아이까지 태어나면? 우와, 그건 정말 상상하기 힘든 나날이 되지요. 어떻게 보면 안 싸우는 게 이상한 거예요.

우린 아마 "뼈 중의 뼈요 살 중의 살"로 상대방을 대할 수 없을지도 몰라요. 아니, 잠깐은 그럴 수 있겠지만 싸우는 기간이 점점 더 길어질지도 몰라요. 상대방에 대한 지나친 기대만 가지고 결혼했다가는 아마 걷잡을 수 없이 관계가 악화될 수도 있겠지요.

하지만 그런 시간이 지나고 우리는 또 서로에게 적응하며 타협하는 지점을 찾게 될 거예요. 여러 가지를 같이 경험하고 넘어가는 동지애도 생길 거고요. 결혼하게 되면 더 이상 공주도, 왕자도 없다는 사실을 되새기면 어떨까요? 그리고 "교회언니가 꼽은 꼭 피해야 할 사람, 꼭 잡아야 할 사람" 챕터도 한번 잘 보고요. 꼭 기억해 주세요!

이혼은 죄인가요?

이혼을 종종 죄라고 가르치는 분들이 있어요. 이건 예수님께서 하신 말씀은 맞는데요, 마태복음 19장에 나오는 이야기죠. 예수님을 시험하고자 "사람이 어떤 이유가 있으면 그 아내를 버리는 것이 옳으니이까"(3절)라는 바리새인들의 질문에 예수께서

"사람을 지으신 이가 본래 그들을 남자와 여자로 지으시고 말씀하시기를 그러므로 사람이 그 부모를 떠나서 아내에게 합하여 그 둘이 한 몸이 될지니라 하신 것을 읽지 못하였느냐. 그런즉 이제 둘이 아니요 한 몸이니 그러므로 하나님이 짝지어 주신 것을 사람이 나누지 못할지니라"(4-6절)라고 답하시거든요.

이 이야기의 배경을 잘 봤으면 좋겠어요. 당시 유대 사회에서는 남자들이 이혼을 아주 쉽게 하는 경향을 보였다고 해요. 신명기 24장 1절에 보면 "사람이 아내를 맞이하여 데려온 후에 그에게 수치되는 일이 있음을 발견하고 그를 기뻐하지 아니하면 이혼 증서를 써서 그의 손에 주고 그를 자기 집에서 내보낼 것이요"라는 구절이 있는데, 이걸 악용한 거죠. 당시의 여자는 반려자라기보다는 사람이 아닌, 성적 욕망을 해결하고 자손을 출산해 주는 도구에 지나지 않았어요. 따라서 유대 남자들은 아내에 대한 감정이 식어버리면 자기 마음대로 이혼 증서만 써주고는 마음대로 이혼을 행사하고 있었던 거지요.

그러기에 바리새인들은 예수께서 이혼을 금지하자 모세의 이혼 증서에 대해 다시 질문하는 거예요. "그러면 어찌하여 모세는 이혼 증서를 주어서 버리라 명하였나이까"(7절). 그러자 예수님께서는 다시 이렇게 말씀하세요. "모세가 너희 마음의 완악함 때문에 아내 버림을 허락하였거니와 본래는 그렇지 아니하니라. 누구든지 음행한 이유 외에 아내를 버리고 다른 데

장가 드는 자는 간음함이니라"(8-9절). 그러자 제자들이 놀라며 그러면 어떤 남자가 결혼하려 하겠냐는 반응을 보이거든요. 이걸 보면 예수님 당시 남자들이 얼마나 이혼을 쉽게 생각하였는지를 알 수 있지요.

문제는 이혼을 당한 여성들은 생계를 꾸리기가 힘들었다는 거예요. 땅을 남자들에게만 물려주던 고대 가부장제 시대에서 남자가 없는 여자, 즉 과부와 부모, 그중에서도 아버지가 없는 고아는 구약 전체에 걸쳐 대표적인 사회의 소외계층으로 언급되고 있는데요. 땅이 없으면 농작을 할 수 없으니, 남편에게 이혼을 당하면 생계가 위협되는 시대였고, 이런 여성들은 성매매를 하거나 또 다른 남자를 찾을 수밖에 없었어요.

예수께서는 따라서 이러한 남녀 간의 비대칭적인 이혼 구조, 특히 자신들의 욕심과 욕망을 위해 모세의 법에 있다는 것을 핑계 삼아 다른 이, 즉 아내를 대상화하고 수단화하는 것을 비판하고 계신 거예요.

더욱 기가 찬 것은 예수님 말씀을 들은 제자들의 반응이에요. 자신들 마음대로 이혼할 수 없다면 결혼하지 않고 '독신'으로 지내는 게 좋겠다고 하고 있어요. 자, 그러면 아까 질문에 대한 보충 답도 되겠네요. 비혼/독신은 초대교회 이전의, 유대 사회에서도 있었던 삶의 형태라는 것을 말이에요.

따라서 예수님의 말씀은 이러한 맥락 속에서 이해해야 해요. 아내를 소유물 취급하고 자신들의 마음에 들지 않으면 주저 없이 버리던 그 결혼제도에 대한 비판인 거지요. 사도 바울도 서신서에서 이혼에 대해 여러 이야기를 남겼듯이, 그 당시에 이혼은 남성 위주로 오히려 너무 쉽게 이루어졌고, 이는 여성에게는 너무나 불리한 결혼 제도의 일부였기에 그런 말씀을 하신 거랍니다. 여성을, 사회적 약자를 보호하기 위함이지요. 말씀이 뜻하는 바를 안다면, 이혼이냐, 아니냐보다는 우리가 서로를 존중하는 생활을 하고 있는가를 보아야 할 것 같아요.

비신자와는 결혼하면 안 되나요?

사도 바울은 고린도전서에서 다양한 경우의 삶을 다루고 있는데요. 이것이 하나님의 법은 아니고 본인의 판단이라는 점을 분명히 하면서 신자의 반려가 비신자인 경우, 상대가 원하지 않는다면 이혼하면 안 된다고 말하고 있어요. 그리고 그 이유를 "믿지 아니하는 남편이 아내로 말미암아 거룩하게 되고 믿지 아니하는 아내가 남편으로 말미암아 거룩하게 되나니"(고전 7:14)라고 말하지요. 확실하진 않지만, 이 경우에는 아마 둘 다 비신자였다가 한 사람이 기독교를 믿게 된 경우 같은데요. 반면에 믿지 않는 상대방이 이혼을 원한다면 그렇게 해주라고도 하고 있고요. 성경은 기본적으로 구약과 신약의 일부, 특히 예수님 말씀이 담긴 사복음서가 유대 사회를 배경으로 하고 있기에 신자와 비신자의 구별이 있을 수가 없었어요. 모두 유대교인들이었으니까요. 하지만 바울이 이방인에게도 기독교의 문을 열어주고 대부분의 유대 율법을 폐지함으로써 이런 문제가 생기게 된 것이겠지요.

자, 그래서 바울은 하나님의 법이라기보다는 자신의 판단이라고 말하고 있는 것이에요. 고린도전서에서 바울은 당시의 복잡하고 다양한 헬레니즘 사회 안에서 퍼져나가는 기독교인들에게 삶의 가이드라인을 제시하고 있어요. 그런데 모든 케이스를 다 다루지도 못하고 그럴 필요도 없죠. 대신 어떤 기준점을 주는 것에 보다 치중하고 있어요. 바울은 여기에서 독신을 오히려 더 바람직한 삶의 형태로 보고 있는데, 이는 당시 고린도의 성적 질서가 혼잡했음을 뜻하는 것이고요. 비혼/독신을 권장하기는 하지만, 그것을 강요하진 않고 "하나님은 화평 중에서 너희를 부르셨느니라"(고전 7:15)라고 이야기하고 있어요.

현실적으로 말하자면, 종교가 일치하는 것이 '실리적' 이익을 가질 수는 있다고 생각해요. 아무래도 가치관 등이 비슷할 가능성이 있으니까요. 종교적 관습도 어느 정도는 일치하지요. 예를 들어 제사 문제라거나 하는 지점에서 충돌할 우려는 별로 없겠지요. 헌금도 낸다는 사실에는(액수는 모르겠지만) 둘 다 동의할 가능성이 있고요. 사실 결혼 생활에서 이 두 가지 문제만

크게 없어도 산은 하나 넘은 것이라 말할 수 있거든요.

하지만 이건 어디까지나 예상일 뿐이고, 사실 기독교인 중에도 이혼하는 경우가 굉장히 많아요. 목사님들도 이혼하시고요. 그러니까 '기독교인'이라는 것이 반드시 신앙의 동질성을 담보하지는 않아요. 각자의 신앙이 조금씩, 아니면 상당히 색깔을 달리할 수 있어요. 어떤 사람은 '부모에게 순종하라'면서 자신의 원가족인 부모의 의견을 더 중시하는 것이 옳다고 할 수도 있고, 어떤 사람은 '남녀가 부모를 떠나 한 몸이 되는' 것이 결혼이라고 주장할 수도 있고요. 그러니까 다른 가치관들이 얼마나 건전한지, 서로 이해의 폭이 어떤지 등을 보시는 것이 필요해요. 기독교인이라서, 권사님이나 장로님 소개라서, 부모님이 신실한 신자니까 등으로 상대방의 인격 전체를 믿는다거나 나와 신앙적 해석이 동일할 것으로 생각하는 것이 오히려 비신자와의 결혼보다 더 위험할 수 있어요. 유명인 중에도 우리는 그런 사례를 알지요? 교회 목사님 소개로 결혼했다가 이혼하는 경우도, 사기를 당하는 경우도 많아요.

어떤 신앙이 옳으냐 하는 것을 정의 내리기는 힘들 것 같아요. 또 교회를 다닌다고 해서 다 신앙인이라고 할 수는 없어요. 예수님께서는 "나더러 주여 주여 하는 자마다 다 천국에 들어갈 것이 아니요 다만 하늘에 계신 내 아버지의 뜻대로 행하는 자라야 들어가리라"(마 7:21)라고 말씀하시고 계시는데요. 즉,

이건 교회 제도에 대한 충성보다는 하나님의 뜻이자 가장 큰 계명인 이웃 사랑을 얼마나 행하는지, 실천적 신앙이 있어야 한다는 뜻이지요.

조금 더 살아본 언니로서 말하자면, 저는 신앙인과 결혼해서 편리한 점이 많아요. 종교적 관습, 가치관 등에서 어느 정도의 일치가 보이니까요. 특히 종교 생활을 같이하는 경우, 원가족들도 같은 종교를 가지고 있는 경우가 많고요. 종교 공동체에 편입되기 때문에 그 종교들의 독특한 문화를 공유하게 되는 과정이 있거든요. 종교와 생활이 분리될 수가 없어요. 종교라는 건 가치관, 세계관, 인간관, 삶의 자세와 방향에 상당한 영향을 미치거나, 나아가 일종의 지침을 주는 역할을 하기 때문이죠. 결혼 생활이라는 건 말 그대로 생활을 같이하는 것이고, 방금 말씀드린 것들, 즉 가치관, 세계관, 삶의 지향성 등이 모두 공유되며 둘이 조정해 나가는 과정이에요. 그렇기에 종교가 같은 경우 일단 어느 정도의 공통점이 있다는 것이 전제되고, 실제로 그것이 사실인 경우가 많기 때문에 종교가 같은 사람과 결혼하는 것은 여러 면에서 좋은 점이 많다고 생각하기는 해요. 하지만 "종교가 다르면 절대로 결혼하면 안 되는가?"라는 질문에는 그게 성경적 근거가 명확한 가르침이라고 말하기는 어려울 것 같아요. 하나님은 여러분께 자유의지를 주신 분이에요. 여러분의 결정 영역 안에서 배우자를 선택하시면 될 것 같아요.

아이는 꼭 낳아야 하나요?
임신과 출산에 대한 궁금증

PART 5

아이는 꼭 낳아야 하나요?
임신과 출산에 대한 궁금증

생육하고 번성하라고 명령하셨으니,
기독교를 믿는 여자는 아이를 꼭 낳아야 하는 거죠?

결혼에 이은 출산을 하나님의 창조 질서로 강조하는 가르침들은 창세기의 창조 이야기 안에 있는 "생육하고 번성하라"는 말씀을 강조하죠. 이렇게 말하는 사람들은 이것이 태초부터 하나님의 명령이니까 기독교 신자들은 생물학적 출산에 힘쓰라고 이야기하는 거예요. 먼저 이 말씀을 먼저 생각해 보도록 해요. 하나님의 창조 이야기에서 이 말씀은 어떤 맥락에서 나오는지. 창세기 1장 28절에서 마지막으로 남자와 여자를 만든 하나님이 하신 말씀이죠.

"하나님이 그들에게 복을 주시며 하나님이 그들에게 이르시되 생육하고 번성하여 땅에 충만하라, 땅을 정복하라, 바다의 물고기와 하늘의 새와 땅에 움직이는 모든 생물을 다스리라 하시니라"(창 1:28).

'생육'(פָּרָה)이라는 히브리어는 '열매를 맺다, (아기를) 낳다, 싹트다'라는 의미가 있고, '번성하다'(רָבָה)는 '크다, 증가하다, 많다, 가중하다'는 의미예요. 이렇게만 보면 아기를 많이 낳아서 땅을 가득 채우라는 뜻으로 이해되는 게 당연해 보이지요. 그런데 잠깐만! 조금만 위로 올라가면 이미 그 이야기가 생물들에게 먼저 나옵니다.

"하나님이 큰 바다 짐승들과 물에서 번성하여 움직이는 모든 생물을 그 종류대로, 날개 있는 모든 새를 그 종류대로 창조하시니 하나님이 보시기에 좋았더라. 하나님이 그들에게 복을 주시며 이르시되 생육하고 번성하여 여러 바닷물에 충만하라, 새들도 땅에 번성하라 하시니라"(창 1:21-22).

여기에서 끝나는 게 아니에요. 이후로도 이 생육과 번성이라는 말은 구약성경에서 지속적으로 상당히 많이 나와요. 노아의 홍수 후에도 방주에서 나온 노아의 가족과 모든 생명체에게

도 주어지는 말씀이고요, 이삭의 후손인 야곱에게도(창 35:11), 그 아들인 요셉에게도, 출애굽기의 이집트의 노예 생활을 하던 이스라엘 백성의 상황을 묘사할 때도(출 1:7) 반복되어요.

그럼 하나씩 생각해 보지요. 우선 "생육하고 번성하라"는 것은 하나님께서 지상의 모든 생명체에게 내린 축복이지, 인간에게만 국한되는 것은 아니에요. 인간보다 먼저 창조된 생물들이 받은 명령이고, 노아의 홍수 후에도 인간과 방주에 탔던 모든 생물이 같이 받은 명령이에요. 즉, 하나님이 만드신 모든 피조물이 평안한 상황 가운데 많은 열매를 맺고, 자손을 낳고, 이

지구를 누릴 수 있어야 하는 것이죠. 그런데 이걸 곰곰이 생각해 보면, 우리는 과연 다른 생물들의 생육과 번성을 돕고 있는지 몹시 마음에 찔리지 않을 수가 없네요. 지구의 생태계 위기, 멸종 직전의 무수한 많은 종, 게다가 우리가 먹고 있는 고기, 우리가 들고 다니는 가방과 입는 외투, 우리의 약을 만들기 위한 실험, 우리의 즐거움을 위해 허가되는 사냥 등으로 너무나 잔인하게 사용되고 도축되는 수많은 동물을 생각해 볼 때, 인간의 지나친 개발로 죽어가는 삼림과 하천, 바다를 생각해 볼 때, 우리는 정말로 이들의 생육과 번성을 너무나 해치고 있는 것 아닐까요? 하나님이 창조하신 귀한 피조 세계를 말이죠.

그래도 기독교인은 아이를 가능하면 많이 낳는 게 맞지 않나요?

이런 논리로 가톨릭은 임신 중단을 허락하지 않고 있기도 하고요. 나아가서 한국 기독교에서는 "기독교인들이 아이를 많이 낳아서 기독교 인구수를 늘려야 한다"라거나 "이슬람교도들이 점점 많이 들어오기 때문에 기독교 청년들은 30살 전에 결혼해서 아이를 셋은 낳아야 한다"라는 식의 이른바 '303 프로젝트' 캠페인을 벌이기도 하고 있어요. 기독교인들의 아이는 기독교 세력을 늘리기 위한 도구가 아니고, 여성의 몸은 기독교 부흥을 위한 수단이 아니에요. 임신과 출산은 성경에서 보면 하나님의 축복으로 묘사되고 있는데, 감히 이를 기독교의 세를 불리기 위한 도구 정도로 치부하다니요?

그럼 이제 생물학적 출산이 성경적 명령으로 되어 있는 것이 사실인지, 그래서 아이를 꼭 낳아야 하는지를 살펴보아요. 물론 생물학적 임신과 출산은 기독교뿐 아니라 인간의 역사 안에서 굉장히 중요한 것이었고, 특히 남아 출산이 중요했어요. 남자는 공동체의 번영과 안전에 중요한 군사력과 노동력이었기 때문이지요. 그래서 우리나라에서도 아이를 낳지 못하는(특히 남아) 여자는 칠거지악이라고 해서 쫓아내기까지 했지요? 인류의 역사 안에서 거의 모든 문화는 생물학적 임신과 출산이 공동체의 안전과 직결되는 것으로 여길 수밖에 없었어요. 그래서 성경을 보면 아이를 낳지 못하는 여성들의 기도가 곳곳에 많이 나오지요. 그리고 마침내 아이를 갖게 되면 이것을 하나님의 축복으로 여기고 있어요.

자, 생물학적 출산과 이로 이루어진 혈연 가족은 모든 공동체에서 그 공동체의 유지와 존속을 위해 필수적인 것이었어요. 아이를 낳지 못하는 여자는 모든 문화에서 자신의 자리, 즉 시민권을 획득하지 못했어요. 영아사망률과 출산 시 산모사망률이 높았던 고대 사회에서 여성의 사회적 의무는 아들을 낳아 가계를 잇는 것이었지요. 여성들은 어머니 역할을 수행하였을 때 비로소 사회의 인정을 얻을 수 있었고, 자식이 없는 것은 일종의 저주로 여겨지기까지 했어요. 역사 공부를 하자는 것이 아니라, 생물학적 출산이 중요한 것은 이스라엘 공동체나 기독교/유대교에만 해당하는 하나님의 특수한 명령이라기보다는 공동체의 존속을 위한 필수 조건이었다는 것을 우선 이해하는 것이 필요해요.

그럼 구약성경에서 이스라엘 공동체의 처지를 한번 살펴보아요. "생육하고 번성하라"가 왜 이렇게 많이 나오는가? 이스라엘 공동체는 강대국 사이에 둘러싸인, 아주 작은 부족 공동체로 시작해요. "네 시작은 미약하지만, 네 나중은 심히 창대하리라"라는 하나님의 축복에서 앞부분인 '심히 미약한' 공동체였지요. 자리를 잡지 못하고 떠도는 아브라함으로부터 시작되어 이집트의 노예 생활을 견디어야 했던 이들에게 생육하고 번성하며 땅에 충만하라는 것은 하나님의 약속이자 자신들을 살게 하는 위로와 치유의 이야기였을 거예요. 어려운 족장 시대를 지나 가나안 땅으로 정착할 때도, 철기 문화로 무장한 도시 국가였던 가나안과의 막막한 대치 과정에서 이들은 그 약속을 희망으로 잡고 입에서 입으로, 자손에서 자손으로, 우리는 지금은 어렵지만 기어이 번성하고 충만할 것이라는 다짐을 했을 거예요. 이런 두 가지 상황, 즉 고대 시대의 일반적인 상황에서의 생물학적 출산의 중요성, 나아가 미약한 공동체였던 이스라엘 공동체가 기어이 잡고 강조해야 했던, 번성하고 충만할 미래가 구약성경의 앞부분에서 그렇게 반영이 되어 있는 것으로 보여요.

만약 생물학적 출산이 정말로 하나님의 절대 지켜져야만 하는 그 무엇보다도 크고 중요한 계명이라면 예수님은 왜 결혼하지 않으셨나요?

하나님의 아들이기 때문에요? 하나님의 아들이니까 더더욱 결혼해서 자녀를 낳아야 하나님의 말이 앞뒤가 맞는 게 아닐까요?

그런데 오히려 예수님은 무어라 하셨는지 볼까요? 예수님은 제자들이 어머니가 오셨다고 하자 누가 내 어머니냐고 하시며 "누구든지 하나님의 뜻대로 행하는 자가 내 형제요 자매요 어머니이니라"(막 3:35; 마 12:50; 눅 8:21)라고 하셨어요. 마치 생물학적 어머니를 부인하는 말로도 들려요. 천하의 불효자이신 걸까요?

예수님은 그 시대에 너무나 중시되었던 혈연 중심의 가부장적인 가족 형태를 넘어서고 있는 거예요. 하나님의 뜻을 행하는 그것이 바로 새로운 가족을 만들어 준다는 것이지요. 이건 당시 상황을 생각해 보면 정말로 파격적인 말씀이고, 부처님 역시 걸었던 길이기도 해요. 부처님도 아들까지 낳고는 출가하여 새로운 공동체 형태의 불교 공동체를 이루셨지요. 예수님 역시

혈연, 생물학적 출산을 뛰어넘은 새로운 형태의 가족 공동체 개념을 제시하고 계신 거예요.

구약 시대가 아닌 초대 공동체 시대 이후 기독교 역사 안에서 생물학적 출산이 신의 질서로 강조된 것은 사실 그렇게 오랜 일은 아니에요. 오히려 중세 시대에는 금욕주의를 강조했잖아요? 신부님이나 수녀님들은 결혼과 출산이라는 삶의 형태가 아닌 독신이라는 삶의 형태를 선택했고, 이것은 훌륭한 일로 존경을 받았어요. 물론 이 시대의 신학이 인간의 본질적 성격을 영혼으로 설명하며 육체적 실존과 성을 극히 경시하는 방향성을 가졌던 것은 비판의 여지가 상당히 있어요. 하지만 기독교 역사 안에서 예수님이 이미 생물학적 출산을 벗어난 삶을 보여주시고, 혈연 중심이 아니라 신앙 안에서 새로이 만들어지는 가족을 이야기하셨어요. 초대교회 공동체 역시 이를 따라 서로를 형제자매로 불렀던 거예요.

종교개혁을 기점으로 개신교가 중세의 독신주의와 금욕주의를 폐지하고 결혼이 보다 바람직한 기독교적 삶이라는 시선을 가지게 되었고, 가정에서 여성의 역할은 출산 및 가정과 가족을 돌보는 것으로 소명 지어졌어요. 그런데 1960년대 미국에서 피임약 등장 등으로 성 해방 운동이 일어나며 기존 보수적·전통적 성 윤리 지형에 크나큰 변화가 생겨나자, 이에 대한 저항으로 근본주의 개신교를 중심으로 전통적 가족 모델을 회복하고자 하는 운동이 생겨났어요. 이 운동은 창세기 1장과 2장의 성경 본문을 기반으로, 하나님은 남자와 여자를 창조하시고 이 둘은 서로 연합해야 한다는 신적 질서를 만드셨으며 생육하고 번성해야 하기 때문에 결혼과 출산이 하나님이 제정하신 인간의 소명이라고 강조하기 시작했지요.

현재 한국 보수적·전통적 개신교의 결혼과 출산, 가족 형태에 대한 시선은 이러한 당시 미국 근본주의 개신교의 시각을 대부분 그대로 계승하고 있다고 보시면 돼요. 이 관점에서 이성애 양성 부모의 결혼과 이에 따른 생물학적 출산, 자녀 양육은 사회 구성원을 키워내는 데 가장 중요하고 효과적인 방법이기 때문이지요. 그래서 이에 따르지 않으면 '사회의 가치관이 혼란해져서'라고 한탄하고, 나아가서는 '하나님의 창조 질서를 거역하는 죄'라고까지 이야기하고 있어요.

이와 같은 신앙 공동체에서 자발적이든 비자발적이든, 비혼 및 비출산을 선택하는 구성원들은 공동체의 가르침에 따르지 않는다는 비난과 의심을 받기도 하고, 수치심이나 죄책감을 가지며 혼란스러움을 토로하기도 해요. 우리는 현대 삶의 형태를 직시함과 동시에 기독교 전통과 성경적 진리 안에서 무엇이 가장 궁극적인 하나님의 뜻인지를 새롭게 돌아보아야 하지 않을까요? 가족 변화론을 지지하는 학자들은 정상 가족에 대한 개념은 일종의 이데올로기일 뿐, 우리가 생각하는 전형적이고 전통적인 가족 형태라는 개념은 역사적으로 존재하지 않았다고 해요. 부족 공동체 가족, 전통적 대가족, 핵가족 형태로 가족의 구조는 늘 변화하고 있으며, 현재의 1인 가구 및 비출산 가구의 증가는 사회구조의 변화와 함께 자연스럽게 발생하는 변화라고 보는 것이지요.

"생육하고 번성하라"라는 말씀이 인간의 생물학적 출산에 머무르거나 한정돼야만 하는 말씀일까요? 살펴보았듯이 이는 피조 세계 전체에 주어진 하나님의 명령이자 축복이에요. 인구가 넘쳐나고 그로 인한 자원의 낭비로 전 지구가 신음하고 있는 이때, 생육하고 번성한다는 의미는 어떤 것이어야 할까요? 이미 태어난 생명들이 내전으로, 전쟁으로, 전염병으로, 기아와 빈곤으로 죽어가고 있는 이때, 개인의 생물학적 출산만이 과연 인류 전체의 생육과 번성을 바라시는 하나님의 뜻에 부합하는 것일까요? 인간뿐 아니라 모든 피조물을 만드신 하나님의 눈에 인간은 지금 어떤 모습일까요? 생육하고 번성하라는 명령이 모두를 향한 것이라면, 개인과 공동체 전체의 삶을 풍요롭게 하고, 서로를 살리고, 번성하게 만드는 삶의 형태를 새롭게 고민해 보아야 하지 않을까요?

06 part

Why? 궁금한 이야기
: 성역할과 양육

PART 6

Why? 궁금한 이야기: 성역할과 양육

성역할 고정관념은 여성들에게 어떤 시점에서 본격적으로 적용되거나 인식되기 시작할까요? 또 이미 다 알고 있는 대로 우리나라가 OECD 임금격차 1위인데, 그 이유는 뭘까요?

'성역할 고정관념' 하면 가장 먼저 떠오르는 불명예스러운 1위가 있지요. 그것은 바로 OECD 회원국별 성별 임금격차예요. 일단 임금격차 이야기부터 시작해 볼까요. 한국은 1996년 경제협력개발기구(OECD) 가입 이래 2024년까지 28년 동안 줄곧 회원국 중 성별 임금격차(gender wage gap) 1위를 차지했어요. OECD 38개 회원국의 평균 성별 임금격차는 매해 12% 정도 되는데, 미국과 캐나다는 17%대, 영국과 독일은 OECD 평균을 상회하고, OECD 평균보다 성별 임금격차가 적은 나라는 프랑스(11.8%)와 이탈리아(5.7%)이며, 벨기에(1.2%)가 가장 낮다고 해요.

한국 다음으로 성별 임금격차가 높은 국가는 이스라엘(25.4%), 라트비아(24.9%), 일본(21.9%) 순인데, 30%를 넘는 국가는 한국이 유일해요. 한국의 경우 여성의 시간당 임금이 남성의 약 70%에 그치는데, 이 말은 남녀 근로자를 각각 연봉 순으로 줄 세울 때 정중앙인 중위임금을 받는 남성이 여성보다 30% 이상 더 받는다는 뜻이지요.

주로 종사하는 직무가 달라 그에 따른 임금 차이가 날 수도 있겠지만, 한국과 일본의 경우는 직무, 직종, 사업장이 같은 남녀 간의 임금격차도 주요국 중 최상위권이에요. 연령별로 보아도 33세에서 55세 노동자들의 남녀 소득 격차는 조사한 주요 15개국 중 헝가리가 10%로 가장 낮았고 한국이 41%로 가장 높게 나왔어요. 30대에서 50대 사이 남녀의 소득격차가 벌어진다면, 그 나이대의 여성에게 흔히 기대되는 생애 과제(결혼, 출산, 육아)를 상상해 보면 될 것 같아요.

한국의 노동계와 여성계는 한국의 성별 임금격차가 크게 유지되는 이유로 연공서열제와 여성 경력 단절을 꼽고 있어요. 연공서열제는 근무한 시간이 급여와 인사이동, 즉 승진의 기준이 되는 제도로, 오래 근무할수록 직장 내 서열이 높다는 뜻이에요. 공무원 호봉제를 떠올리면 되는데, 연차가 쌓일수록 그 경험을 높이 사서 높은 대우를 해주는 제도이지요. 연공서열제는 한국이나 일본에서 조직의 기본 체제로서 작용하는데, 그 바탕에는 장유유서를 존중하는 유교적 질서가 자리 잡고 있어요. 상위 직급으로 승진하기 위해서는 일정한 기간을 근무해야 한다는 식이기 때문에 승진만으로 관리직까지 올라가는 데는 20년 이상이 걸리지요. 오래 일할수록 더 많은 임금을 받는 연공서열제 안에서 여성은 출산·육아 등을 이유로 경력 단절을 겪으면서 관리자 직급으로의 승진이나 급여 상승 기회를 잃고 있다는 주장은 타당해 보여요.

한국여성정책연구원의 보고서 「미래사회 대응을 위한 양성평등 추진 전략 사업(2023~2025)」에 따르면, 성별에 따라 임금격차가 발생하는 원인을 한국 남성과 여성은 다르게 인식함을 알 수 있어요. 남성의 경우 "출산·육아로 인한 경력 단절 때문에 여성의 평균 근속연수가 남성보다 짧아서"(39.6%)를 가장 많이 꼽았고, 그 뒤를 "여성들이 기업 내에서 임금을 더 받을 수 있는 힘든 일을 하지 않으려고 해서"(30.7%), "상대적으로 임금 수준이 낮은 비정규직에 여성이 많아서"(25.4%) 등으로 이유를 분석했어요. 이에 비해 여성은 "기업 내 채용, 승진, 배치 등에서의 성차별이 누적되어 왔기 때문에"(54.7%)를 가장 많이 들었고, 이어 "출산·육아로 인한 경력 단절 때문에 여성의 평균 근속연수가 남성보다 짧아서"(51.4%), "상대적으로 임금 수준이 낮은 비정규직에 여성이 많아서"(28.7%) 등 순이었어요. 제가 이 통계 자료를 조사하면서 함께 읽게 된 댓글에는 "여성은 힘든 일은 안 하려고 하고 월급은 같이 받으려고 해요", "기혼 여성은 애가 맨날 아파요" 등의 혐오 표현이 있었어요. 그걸 보면서 성별에 따른 차별을 남녀가 함께 극복해 나가기 어려운 현실적인 벽을 느꼈죠.

경력 단절이라는 장애물 외에도 승진을 거듭하게 되면 여성은 유리천장을 맞닥뜨리게 되지요. 2024년 영국 시사주간지 「이코노미스트」가 발표한 '유리천장(여성의 고위직 진출을 가로막는 보이지 않는 장벽) 지수'에서도 한국은 12년 연속 최하위를 기록했어요. (아우, 왜 이래!) 일하는 여성의 노동참여율, 고위직

여성 비율, 양육비용, 남녀 육아휴직 현황 등의 지표를 반영해 산정하는 이 유리천장 지수가 발표되기 시작한 2013년 이후 한국은 줄곧 최하위를 기록했다고 하네요. 한국은 특히 기업 안에서 관리직 여성 비율이 2023년 기준 16.3%(OECD 평균 33.6%)이며 기업 이사회의 여성 비율도 16.3%(평균 33.9%)로 유리천장의 견고함을 볼 수 있어요.

전문가들은 이렇게 설명해요. 남자와 여자가 똑같이 가정을 꾸리고 아이가 생겨도 가정 돌봄이나 양육의 책임은 여성에게만 지워지는 경우가 많죠. 이런 문화로 인해 여성이 육아휴직

등을 사용하는 경우가 많고, 이에 따라 직장에서는 여성을 육아와 가사를 신경써야 하는 존재로 간주해 여성의 생산성을 낮다고 판단하는 경우가 많다는 거예요. 경력 단절 이후 재취업을 원한다고 해도 재취업의 기회가 한정되어 있기 때문에 저임금 기업·산업에 여성 노동자가 집중되어 있는 점 또한 한국에서 뚜렷하게 나타나고 있는 현상이지요. 통계청의 "경제활동 인구조사"를 보면, 비정규직이나 시간제 일자리와 같이 임금 수준이 낮은 편인 숙박·음식업과 보건·사회복지서비스업에서는 여성 비중이 높아요.

정리하자면, 결혼 이후 출산과 양육의 시기를 지나면 30~50대의 경력 단절의 커다란 늪, 임금이 낮은 비정규직으로의 재취업 그리고 위를 쳐다보면 저 멀리 보이는 투명한 유리천장이 한국의 남녀 임금격차 1위 요인들이지요. 한국에서는 애를 낳는 것이 나라를 살리는 것이라고 하면서, 애를 키우는 엄마는 '맘충'으로 부르고, 이를 병행하며 관리직으로 승진하는 여성은 피도 눈물도 없는 독한 여성으로 보니, 결혼 자체를 기피하거나 아니면 결혼 이후 출산을 결심하지 않는 것이 어찌 보면 당연한 결과가 아닐까 싶어요. 결혼한 여성은 애가 아프다고 집에 가도 욕을 먹고, 집에 가지 않아도 "결혼한 여자가 가정을 안 돌보고 맨날 회사에 늦게까지 있으면 어쩌냐, 독하다"라고 욕을 하더라고요. (헛헛) 자녀가 있는 여성이 일터에서 겪는 불이익을 '모성 페널티'(Motherhood penalty)라고 부른다는데, 이러한 모성 패널티의 구조는 2030 여성들이 점점 '가족'보다 '일' 중심의 생애 계획을 세워나갈 수밖에 없는 길을 만들어 놓지 않았나 생각해요.

언제부터 성역할에 의한 차별이 시작된다고 정확한 선을 긋기는 어렵지만, 앞서 살펴본 것처럼 결혼 이후 출산·양육으로 인해 여성의 경력이 제한되고 단절되는 것이 임금격차의 가장 큰 이유라면, 누구라도 결혼 이후의 삶에 대해서 고민하지 않을 수 없어요. 그렇다면 양육이 꼭 여성의 몫이어야 하는지 질문이 생기지 않을 수가 없겠죠.

아이를 키우는 게 꼭 엄마의 몫인가요?

우리는 아이를 잘 양육하는 것은 아이를 생물학적으로 출산하는 어머니/여성의 몫이라고 너무 당연히 생각하는 경향이 있어요. 이건 교회뿐 아니라 기존 사회의 관념도 그래왔지요. 그래서 가사와 육아에 조금이라도 소홀하면 '모성애가 없다'라거나 '이기적'이라고 비난하고, 직업과 육아의 양립이 어려워지는 시기가 오면 남성보다는 '당연히' 여성이 직업을 그만두고 육아에 전념하는 것을 쉽게 볼 수 있지요. 그리고 '아이를 신앙 안에서 잘 키우는 것이 여성의 가장 큰 소명'이라고 이야기하고, 심지

어는 모성애를 신격화하면서 "신이 어디에나 있을 수 없기 때문에 신은 어머니를 만들었다"고까지 해요. 하나님은 온 우주에 편재하시는데 말입니다.

그럼 과연 성경은 어떻게 이야기하고 있는지를 먼저 볼까요? 모성애와 관련된 성경 구절은 여러 곳에서 찾아볼 수 있어요. 몇 가지 예를 들어드릴게요.

"어머니가 자식을 위로함 같이 내가 너희를 위로할 것인즉 너희가 예루살렘에서 위로를 받으리니"(사 66:13).
"여인이 어찌 그 젖 먹는 자식을 잊겠으며 자기 태에서 난 아들을 긍휼히 여기지 않겠느냐 그들은 혹시 잊을지라도 나는 너를 잊지 아니할 것이라"(사 49:15).
"주께서 내 내장을 지으시며 나의 모태에서 나를 만드셨나이다"(시 139:13).

이 성경 구절들은 하나님의 우리를 향한 사랑을 가리키는 것이고, 어머니가 육아를 전담하라는 말은 아니라는 것은 다들 아시겠지요?

"보라 아버지께서 어떠한 사랑을 우리에게 베푸사 하나님의 자녀라 일컬음을 받게 하셨는가, 우리가 그러하도

다…"(요일 3:1).

"아버지가 자식을 긍휼히 여김 같이 여호와께서는 자기를 경외하는 자를 긍휼히 여기시나니"(시 103:1).

이처럼 성경은 하나님을 어머니, 아버지에 모두 비유하며 그 사랑을 이야기하고 있어요. 직접적으로 어머니가 어떻게 해야 하는지를 언급하는 구절로는 이런 말씀이 있네요.

"늙은 여자로는 이와 같이 행실이 거룩하며 모함하지 말며… 그들로 젊은 여자들을 교훈하되 그 남편과 자녀를 사랑하며 신중하며 순전하며 집안 일을 하며 선하며 자기 남편에게 복종하게 하라"(딛 2:3-5).

이 정도가 여성이 자녀에게 해야 하는 육아의 몫을 이야기하는 구절이에요. 여기에 여성이 남편과 자녀를 사랑하라는 말은 있지만, 여성이 육아를 전담하라는 뜻은 아닌 것 같아요.

아빠는 육아에서 어떤 역할을 담당해야 하나요?

성경은 아이를 교육하는 부분을 아버지의 역할로 더 강조하고 있는 것 같아요. 성경은 아주 오래전 사회문화적 관습을 담고

있고, 가부장제 사회에서 형성된 만큼 육아보다는 자식 교육, 특히 성경에서는 '훈계'라는 말로 많이 표현되는 부분에서 아버지의 역할을 이야기해요. 다음 구절을 보시죠.

> "마땅히 행할 길을 아이에게 가르치라 그리하면 늙어도 그것을 떠나지 아니하리라"(잠 22:6).
> "또 아비들아 너희 자녀를 노엽게 하지 말고 오직 주의 교훈과 훈계로 양육하라"(엡 6:4).

다음 말씀을 볼까요?

"오늘 내가 네게 명하는 이 말씀을 너는 마음에 새기고 네 자녀에게 부지런히 가르치며 집에 앉았을 때에든지 길을 갈 때에든지 누워 있을 때에든지 일어날 때에든지 이 말씀을 강론할 것이며"(신 6:6-7).

이 말씀은 아버지나 어머니를 따로 언급하지 않아요. 그러면 자녀를 둔 사람들에게 공통으로 주시는 말씀이라고 볼 수 있겠죠. 즉, 자녀 양육은 자녀를 둔 사람, 주 양육자들이 같이 수행해야 하는 일이지, 여성이나 남성 중 한쪽이 더 주가 되어야 한다는 것은 아닌 것 같아요.

그럼 사회도, 교회도, 왜 자녀 양육을
마치 여성이 전담해야 하는 것처럼 이야기하는 것일까요?

이건 근대 서구의 역사적인 형성 과정을 따져 볼 필요가 있어요. 산업혁명이 인간의 노동력을 기계로 대체하기 전까지 인간의 삶은 늘 자연과 분투하며 생존을 위해 살아가야만 했고, 가능한 노동력들은 모두 여기에 쓰여야만 했어요. 즉, 여성의 재생산 능력은 중요한 것이었지만, 일단 재생산을 하고 나면 여성들도 생산 노동에 뛰어들어야 했지요. 조선 시대 농민들을 생각해 보면, 여성들 역시 밭일을 하고 길쌈 등을 하며 생산 노동에 종사할 수밖에 없었잖아요. 이건 서구도 마찬가지였고요. 자녀의 양육이라는 개념 자체가 별로 없던 시대였어요. 아이는 낳아서 알아서 크는 것이고, 곧 아이의 노동력 역시 생산 노동에 참여시켰지요. 나뭇가지를 주워서 땔감을 모은다거나 말이에요. 이보다 더 어릴 때는 주요 노동력에 기여하기 힘든 인력, 조부모 세대들이 아이들을 돌보았고요.

그런데 산업혁명이 서구에서 일어나면서 기계를 돌리는 공장이 도시에 생기게 되고, 농민층은 모두 도시로 이동하지요. 남성들은 공장에서 임금노동을 하게 되었고, 기계의 생산성이 높아지면서 남성의 임금노동만으로도 한 가족의 생계를 꾸리는 것이 가능해지자 여성 노동력의 영역은 가정으로 한정되게 되었어요. 공적 영역인 생산 노동과 사적 영역인 가정에서 일어나는 재생산 노동으로 인간의 노동이 분리된 것이지요.

'먹고 사는 생존에 온 신경과 노동을 투자해야 했던' 봉건 시대, 농경 시대와는 달리 산업화는 인간의 삶에 약간의 여유를 가져왔어요. 사실 이때부터 '자녀 양육'이라는 개념과 중요성이 탄생하게 됩니다. 과거의 신분제 사회가 폐기되고 시민 사회가 등장하면서, 아이를 어떻게 교육하느냐에 따라 인간의 가치가 결정되는 시대가 온 것이지요. '의식적인 육아'는 이때부터 생겨났다고 사회학자들은 봅니다. 아이를 잘 키우면 시장성이 있는, 즉 돈을 많이 벌어들이는 성인으로 자라나는 시대가 오면서 육아의 중요성이 커졌고, 이는 가정에서 재생산 노동을 하는 어머니의 몫이라는 인식이 생겨났어요.

여성의 역할은 가족구성원들을 정서를 비롯한 여러 면에서 보살피는 것으로 옮겨갔어요. 치열한 임금노동의 시장에서 살아가야 하는 생산자/남편을 돌보아서 다시 생산 현장으로 나가도록 돕는 재생산 노동! 결코 쉬운 일이 아니며 정서 노동·감정노동이 커졌지만, 이것을 누군가는 감당해야만 했지요. 그러는 과정에서 여성을 '돌보는 성'으로 규정하는 사회적 경향이 확산되었고, 이것은 남편뿐 아니라 아이에게도 적용되었어요.

산업사회의 부르주아 계층의 여성들은 자기들 존재의 필요성을 어머니 역할 수행에서 찾기 시작했어요. 이때 '어머니'는 단지 출산과 육아, 자녀 교육이라는 역할만을 의미하는 것이 아니라 여성의 천직, 지고의 소명으로 이름 지어졌답니다. 그리고 기독교는 당시 서구의 지배적인 문화적 이데올로기였기 때문에 이러한 과정에 적극 참여합니다. 특히 이를 '하나님이 여성에게 주신 소명'이라는 종교적 해석을 내놓았고, 이것이 널리 퍼져갑니다. 이때 여성의 소명은 중세 시대와는 달리 결혼을 중요시한 종교개혁 안에서 결혼, 가정, 출산과 양육으로 한정 지어지는 경향을 보였어요. 하지만 역사적으로 훌륭한 수녀나 초대교회 공동체 시대의 성인들이 얼마나 많았는지 생각한다면, 여성의 역할이나 소명이 이렇게 한정 지어지는 것은 성경적이라기보다는 서구 역사 안에서의 흐름 때문이었다고 보는 것이 맞을 것 같아요. 아까도 살펴보았지만, 성경에는 자녀 양육이 여성의 주요한 소명이라고 이야기하는 말씀은 없으니까요.

자녀는 하나님의 축복이고, 따라서 자녀 양육은 매우 중요한 일이에요. 시대가 지나 이제 여성들도 생산 노동/임금노동에 참여하는 비율이 급격히 증가하고 있는데, 자녀 양육에 필요한 시간, 정서적 돌봄, 물리적 노동 등을 여성 혼자만 주로 감당하기는 힘들죠. 현실적으로 바람직하지도 않으며, 성경적인 양육이라고도 할 수 없다고 보여요. 사랑스러운 자녀의 양육, 이제 주 양육자들이 모두 그리고 나아가서는 지역 공동체가 같이 기쁘게 하는 일이 되었으면 좋겠어요. '한 아이를 키우기 위해서는 온 마을이 필요'한 것처럼 말이에요.

교회언니들이 뽑은 꼭 피해야 할 사람, 꼭 잡아야 할 사람

* 이 Part는《교회언니 페미토크》시즌18 ‘우리, 사랑해도 될까요?’의 내용을 근거로 작성되었습니다.

PART 7

교회언니들이 뽑은 꼭 피해야 할 사람, 꼭 잡아야 할 사람

다큐은애 이번에 우리가 기독 청년 여성들의 연애와 결혼에 관해 이야기를 나눠봤는데요. 지극히 사적이고, 감정적인 내밀한 영역인 연애, 사랑에 대해 그동안 교회 안에서 주로 어른들, 주로 남성들이 보수적·유교적·남성중심적·가부장적 질서와 가치관에 따라 말해 왔어요. 하지만 이제 이러한 가르침은 변화된 사회의식과 질서 속에서 교육받고 살아가는 오늘날 청년들의 인식과 생활 방식과는 너무 동떨어져 있는 게 문제인 거 같아요. 그럼에도 불구하고 우리는 또 사랑을 계속 해나갈 텐데요. 누군가를 만나고 사랑할 때 어떤 사람을 피해야 하고 어떤 사람을 만나야 하는지 교회언니들이 한마디씩 해주세요.

스윗현숙 저부터요? 연애 경험이 미천한 제가 먼저 해도 될까요? (웃음)

걸크희선 미천하지 않으실 거 같은데요. (웃음)

스윗현숙 저는 너무 뻔한 대답일 수 있을 거 같은데, 이타적인 사람, 상담적인 용어로 말하자면 공감 능력이 있는 사람을 만나라고 하고 싶어요. 자기도 이해하고 타자도 이해할 수 있는 그런 사람이요.

다큐은애 그럼 어떤 사람은 피해야 할까요?

스윗현숙 거꾸로 말하면 공감 능력 없는 사람, 자기만 아는 사람이요. (웃음) 여성이나 남성이나 지밖에 모르는 사람. (모두 끄덕끄덕)

직진주아 어떻게 알아봐야 하나요? 느껴지나요? 속일 수도 있잖아요.

스윗현숙 그러니까 오랜 시간을 겪어봐야 알 거 같아요. 예를 들어 다툼이 생겼을 때 왜 저 사람이 화가 났는지 살펴보고 논리적으로 대응하기보다 상대편의 감정을 헤아리고 이해하려고 노력하는지, 자신의 감정과 말은 제어하고 상대방의 의견이나 감정에 귀 기울일 수 있는지를 통해서 알 수 있을 거 같아요.

다큐은애 직진주아는 어떤 사람을 잡아야 하고 어떤 사람을 피해야 한다고 생각하나요?

직진주아 와, 이건 어려운 질문이네요. 왜냐하면 제 생각에 사람들은 정말 개성이 다양하고 생긴 모양이 달라서, 어떤 사람이 좋다고 해도 이 사람이 모든 이에게 적합한 모양을 가졌다고는 할 수가 없거든요. 예를 들어 어떤 사람은 상대방이 리더십을 가지고 이끌어 주기를 바랄 수도 있고, 어떤 사람은 모든 것을 의논해서 서로의 의견을 합하여 무언가를 결정하는 것을 더 원할 수도 있고요. 어떤 사람은 자신의 직업을 더 소중하게 여기며 이에 몰두하며 살아가기를 원할 수도 있고, 어떤 사람은 직업보다는 가정을 더 중시하며 살아가는 것이 본인에게 더 편안하고 적합한 삶의 방식이라고 느낄 수 있지 않겠어요?

스윗현숙 그렇죠.

직진주아 또 하나의 문제가 더 있는데, 살아가다 보면 자신이 좋아하던 상대방의 특성이 단점으로 인식되기 시작하는 시기도 온다는 것이지요. 흔히 권태기라고도 하지만 인간은 모두 변화하기 때문에 나도 변하고 상대방도 변하는 것이 세월이고, 그 안에서 한때는 장점으로 사랑스럽게 여겨지던 특성이 내가 나이가 들고 경험이 많아지면서 불편해지기도 하는 것이 인간이라서요. 즉, 상대방은 그대로인데 내 시각이 변화하면서 또는 여러 상황이 변화하면서 상대방의 특성이 불편하게 느껴지기도 하는 것이지요. 처음에는 가정에서 가사와 육아에 전념하는 상대방의 모습이 고맙다가 시간이 지나면서 경제적 필요가 늘어나게 되면 직업을 가지기를 요구할 수도 있고요, 친구가 많고 활달하게 사는 모습이 좋았지만 결혼 후에는 가정에 좀 더 집중해 주기를 원하게 되는 경우도 있어요. 물론 연애 때도 이런 일들이 벌어지지만, 결혼이라는 것은…. 너무나 많은 변수가 존재하기 때문에 연애할 때는 상상할 수도 없는 작고 사소한 것들 또는 각자의 원가족들, 각자의 직장, 아이 등 큰 변수들도 엄청나게 생기기 시작해요.

다큐은애 그럼요, 결혼은 복잡해!!

직진주아 그래서 저는 “이런 사람이 좋다!”, “이런 사람은 안 된다!” 이렇게 말씀드릴 수는 없다고 생각해요. 다만 저의 경우는 어땠는가를 말씀드릴 수는 있겠네요. 상대방보다는 먼저 나의 특성을 잘 아는 게 필요할 것 같아요. 물론 여러분들이 스스로의 특성을 어느 정도는 알고 계실 거예요. 무엇인지 모르게 불편한 어떤 점이 스멀스멀 살면서 있게 되잖아요? 그럴 때 우리는 보통 대강 넘기거나, 내가 예민한가 하거나 또 그런 점이 별로 없는 사람을 본능적으로 찾아서 관계를 형성하거나, 아니면 나를 좀 바꾸려고 하거나 아무튼 다양한 대응을 하게 되는데요. 저도 젊을 때는 우왕좌왕 좌충우돌 만남과 헤어짐을 반복하기도 했는데, 결국 결혼은 저도 잘 몰랐던, 하지만 제가 가장 원하는 특성을 가진 사람과 한 것 같아요. 저는 제 남편이 첫사랑이자 마지막 사랑인데요.

걸크희선 예예, 그럼요~ (웃음)

직진주아 예전에 잠깐 사귀었던 남자친구와 30대가 되어서 어쩌다 만나 차를 마시는데 하는 소리가, “난 네가 우리 엄마랑 사이좋게 마트에서 장을 보고 한 게 너무 좋았어. 너 같은 여자 없더라" 이러는 거예요! 아니, 몇 년을 사귀었는데 기껏 기억나고 아쉬운 게 자기 엄마한테 사근사근하게 잘한 거라고요? 그게 좋으면 자기가 엄마랑 마트에서 사이좋게 장을 보면 될 것 아니에요? (웃음)

스윗현숙 에휴, 헤어지길 잘했네.

모두 옳소.

직진주아 물론 저도 나의 반려자가 제 부모님께 잘하는 게 좋고, 저도 잘하려고 노력하지만요, 이건 어디까지나 두 사람의 관계 안에서는 부차적인 요소라고 생각해요. 물론 여자라서 꼭 가사와 육아를 더 중점적으로 해야 한다거나, 주말에는 '집밥'을 해야 한다거나 하는 전형적인 성역할을 요구하는 사람들이 많고 또 반대로 여성들도 남성이 생계부양자라는 역할을 수행하기를 요구하는 경우가 많아요. 이런 게 문제가 되지 않는 사람도 있을 거예요. 하지만 전 그런 것들이 묘하게 늘 불편했고, 날 있는 그대로 받아들여 주는 사람을 무의식적으로 찾은 것 같아요. 며느리라고 무조건 설거지해야 하는 현실이 불편하다고 남편에게 이야기했고(사위랑 딸이 다 같이 있는데 왜 늘 며느리만 설거지를 하나요? 물론 몇 년 했습니다마는…), 이제는 남편이

나서서 설거지해요. 여자라서, 엄마라서, 아내라서 해야 하는 역할들을 할 수도 있고, 개개인의 특성에 따라 어떤 부분은 나눠서 하고, 아니면 아예 안 할 수도 있어요. 남편이 무조건 전등을 갈아야 하는 것도 아니듯이 여자도 마찬가지고요. 우리는 정말 다양하게 생겼으니 그 다양함 가운데 서로의 역할을 나누어 할 수 있으면 된다고 생각해요. 개인의 다양한 특성이 전통적인 성역할이라는 것에 갇혀야 할 이유는 없고, 상대방도 가둘 이유가 없어요.

스윗현숙 이게 굉장히 중요한 게, 사랑의 자율성이 사라지면 그 다음엔 사슬이 되는 거 같아요.

모두 어흑…. 사슬….

스윗현숙 그래서 그 자율성과 자발성이 매우 중요해요. 그게 없으면 감옥이 될 테니까요.

직진주아 맞아요.

다큐은애 그럼 걸크희선은 어떠신가요?

걸크희선 어떤 사람이 나한테 좋은 사람일까요? 이 지극히 '주관적인' 질문에 저는 자기랑 '잘 맞는' 사람이라고 답하고 싶어요. 나랑 헤어진 사람이 다른 사람과는 매우 좋은 관계를 유지할 수 있잖아요? 그러니까 폭력성이나 집착이 강하다든지 이런 것이 아니라면 대부분의 연애는 '나랑 잘 맞느냐, 나랑 잘 맞지 않느냐'가 중요한 역할을 하는 거겠죠.

직진주아 그렇죠.

걸크희선 이 세상에 내가 좋아하는 측면을 '모두' 갖춘 그런 완전한 존재가 있을까요? 거꾸로 우리 역시 어느 누구에게 그런 완전한 존재가 되기는 어려울 것이라고 생각한다면, 연애의 눈높이를 조금 낮추게 되겠죠. 우리는 연애할 때 내가 좋아하는 면을 많이 가진 사람을 선택하거나, 아니면 내가 못 견디게 싫어하는 면을 덜 가진 사람을 선택하기도 해요. 내가 좋아하는 부분을 지니고 있는 사람이 내가 정말 견딜 수 없는 성품을 가지고 있다면, 나는 어떤 것을 포기할 수 있을까 생각해 볼 수 있겠죠. 여기에는 전제 조건이 내가 나를 알고 있어야 한다는 것이에요. 내가 타협할 수 있는 부분과 없는 부분을 스스로 잘 알고 있어야 한다는 것이에요. 한 예로 내가 좋아하는 부드럽고 자상한 면을 가지고 있는 사람이 다른 사람들에게도 다 그렇게 하는 사람이라면, 나는 그 부분을 어느 정도 타협할 수 있을까? 그래서 나한테만 잘해주고 다른 사람들한테는 조금 무뚝뚝한 사람을 선택했는데, 그 사람이 매일매일 나하고만 시간을 보내고 싶어 한다면, 나는 무엇을 버리고 무엇을 견딜 수 있는지 생각해 봐야 합니다. 징징대고 투덜대는 성품의 사람을 못 견디는 사람이 있고, "이 세상에 나한테만 그러는 건데…" 하면서 그런 사람을 잘 받아주는 사람이 있어요. 애인에게 칭찬과 격려를 잘 해주는 사람이 있는 반면에, "아, 정말 피곤하다 왜 저렇게 칭찬에 목말라 있지?" 하면서 이해를 못 해주는 사람이 있어요. 우리 모두 참아낼 수 있는 면과 견딜 수 없는 면이 달라요. (하나님께 감사할 일이죠. 나를 못 견뎌내는 사람이 있는가 하면, 내 존재 그대로 봐주는 사람이 있으니 우리 주위에 친구와 애인이 있는 거겠죠.) 그 짚신의 한 짝을 잘 알아보는 능력이 우리에게 필요한 거죠.

모두 (끄덕끄덕)

걸크희선 그래서 저의 경우에는 노력하는 사람, 조금씩 성장하고 발전해 나가는 사람을 좋아해요. 그리고 모든 부분에서 다 그럴 수는 없겠지만, 너무 부정적이지 않고 피해의식으로 열폭하지 않으면서 조금 느긋한 면이 있는 사람이 좋아요. 결혼생활을 오래 하면서 행운이라고 느끼는 것은, 제 파트너는 제가 가지고 있는 불완전하고 미성숙한 부분이 저랑 겹치지 않습니다. 미성숙의 영역이 서로 달라서, 한 사람의 불안과 예민함이 표현되었을 때 다른 한 사람이 관대하게 봐주고 다독여 주는 것을 결혼생활에서 경험해요. 서로 짜증 내고 안달복달하는 영역이 겹친다면 예민함이 극대화될 수 있었을 것 같아요. 그 외에도 함께 있는 것이 지루하지 않은 사람, 재미있는 일이 생각났을 때 가장 먼저 이 이야기를 달려가서 하고 싶은 사람, 영롱하고 기대에 찬 눈빛으로 내 이야기를 들어줄 사람이 지금의 애인/파트너라면 행운이겠죠?

다큐은애 그러니까 지금 행운을 만나셨다는 거죠? (모두 웃음)

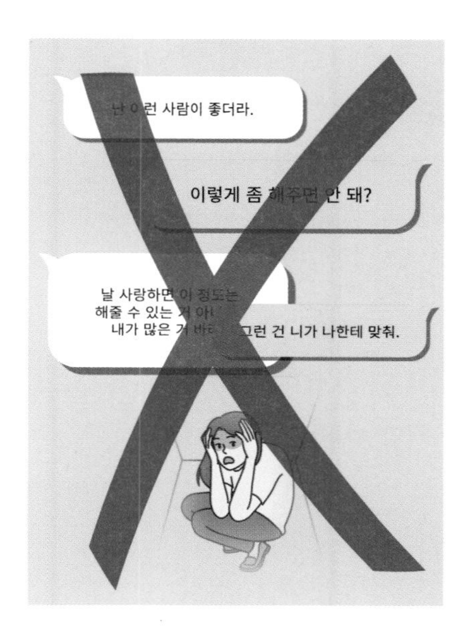

직진주아 그럼 반대로 내게 좋은 사람이 아닌 것 같은 사람은 어떤 사람일까요?

걸크희선 여기에도 역시 나랑 '안 맞는' 사람이라는 요인과 또 '내가 못 견디는 면을 가지고 있는 사람'이라는 지극히 주관적인 요소가 작용하겠죠. 그런 것들 외에 제가 피하라고 조언해 주고 싶은 사람은 '나를 내 지금 모습 그대로 충분하다고 생각하지 않는 사람'이에요. 여러분은 "아니, 그런 사람을 왜 만나요?"라고 생각할 수 있지만, 내가 더 많이 좋아하거나, 내가 나를 덜 사랑할 때 혹은 처음에는 그러지 않았는데 연애가 안정화될 때 그 연애를 지속하기 위해(헤어지지 않기 위해) 일어날 수 있는 일이에요. 내 부족한 부분을 자꾸 들춰내는 사람, 나 때문이라고 나를 비난하는 사람, 나의 복장, 머리 길이, 말투나 태도, 모임 참석이나 귀가 시간 등을 간섭하고 조종하려는 사람에게 가스라이팅(심리적 조종) 당하지 마세요.

스윗현숙 그건 정말 위험하죠.

걸크희선 우리가 어떤 사람을 볼 때, "저 사람은 괜찮은 사람 같아 보이는데 왜 저런 사람을 만나지?" 그런 생각 해본 적 있을 거예요. <월플라워>(wallflower)라는 청춘 영화에 주인공이 자기 친구를 짝사랑하는데, 그 친구가 별로 좋지 않은 사람을 만나는 것처럼 보이자, 주인공이 자기가 존경하는 멘토 선생님에게 이런 질문을 해요. "왜 괜찮은 사람들이 자기보다 좀 별로인 사람들과 사귀는 걸까요?"(Why do nice people choose the wrong people to date?) 선생님의 대답이 매우 흥미로워요. "사람은 자기가 자기 가치를 인정하는 만큼의 사랑을 택하니까."(We accept the love we think we deserve.) 자기보다 좀 못한 사람, 자기를 제대로 대접해 주지 않는 사람을 만나는, 그 마음속을 잘 들여

다보면, 자기 가치를 스스로 그렇게 낮게 생각하니까 그런 사람을 만난다는 말이 될 수 있지요. 그럼 어떻게 해야 할까요? 그 사람은 스스로 자기를 사랑하는 마음을 키워야 해요. 이 세상 사람 어느 누구도 내가 나를 사랑하는 것보다 더 나를 사랑해 줄 수는 없는데, 자꾸 자신이 느끼는 결핍을 타인으로부터 채우려고 노력하니까 연애가 어긋나게 되는 거지요. 나를 하찮게 대하는 사람을 만나면, 그 관계로부터 멀어지라고 말해주고 싶어요.

직진주아 그런 사람이랑은 당장 헤어져!!

걸크희선 아 그리고 '이기적인 사람'은 어느 누구도 못 당합니다. 이기적인 사람이 갑자기 천둥 벼락을 만나 이타적으로 되지 않습니다. 이기적인 사람 만나면 도망가세요. 연애에 있어서 지양해야 할 점은 그 사람 맘에 들기 위해서 나를 바꾸지 않는 것입니다. 나에게 맞는 사람은 나와 함께 있는 것이 편하고 '자연스러워'야 하기 때문이에요. 상대의 마음에 들기 위해서 나를 바꾼 경험들이 크고 작게 다들 있겠지만…. (흑역사) 좀 더 당당한 마음으로 자기 자신이 되세요. 올 인연은 오고, 갈 인연은 붙잡아도 갑니다. "어떻게 사랑이 변하니?" 영화 〈봄날은 간다〉의 대사인데요. 그것은 여러분에게 뜨겁게 푸른 여름이 찾아온다는 말도 되니까요.

모두 아멘, 아멘. (웃음)

다큐은애 저는 '꼭 잡아야 할 사람, 꼭 피해야 할 사람' 이런 주제를 봤을 때, 잡아야 한다고 잡히나? 이런 생각이 들었는데요…. (웃음) 직진주아, 걸크희선 두 분 말씀을 들으니까 현재 배우자에 대한 자랑이었던 거 같고요. (웃음) 저도 꼭 잡아야 할 사람을 내 눈에 괜찮은 사람, 본성이 착한 사람, 이웃이나 약한 것에 관심과 배려를 보이는 사람, 나를 존중해 주는 사람. 그리고 피해야 할 사람을 거짓말하는 사람, 자기 능력과 성과를 부풀리고 과장하는 사람, 매사에 자신만만하고 잘난척하는 사람, 다른 사람에 대한 평가에 거침이 없고 상대방을 깔보는 사람, 이렇게 꼽았어요. 내가 좋아하는 사람과 싫어하는 사람 유형이에요. (웃음) 제가 생각하기에 문제는 이거 같아요. 두부상이든 아랍상이든 (웃음) 결국 내 눈에 괜찮은 사람을 만나야 하는데, 우선은 나 스스로가 나를 잘 알아야 할 거 같아요. 내가 좋아하는 것은 무엇이고 싫어하는 것은 무엇인지, 나는 어떤 경향을 가진 사람인지, 무엇을 가장 중요하게 생각하는지, 앞으로 어떻게 살고 싶은지 나를 잘 들여다보고, 나라는 사람을 이해하는 게 우선되어야 해요. 그

래야 나에게 잘 맞는, 어울리는 사람을 찾고 선택하고 그 사람과 함께 할 미래를 그려나가면서 좋은 관계를 만들어 갈 수 있다고 생각해요. 다양한 사람을 만나보는 것도 하나의 방법인데, 사실 교회공동체가 다양한 사람을 만날 수 있는 기회를 제공하기는 하죠. 그 안에도 별별 이상한 사람들도 많겠지만요. (웃음) 지혜의 눈을 가지고 살아가면서 진심으로 사람을 대하고 사랑할 만한 사람을 만나면 용감하고 담대하게 '마음으로 뜨겁게 서로 사랑'(벧전 1:22)하시길 바랍니다.

교회를 사랑하고 싶은 너에게

— 성경'적' 사랑?: 아름답고 당당하고 평등한 것

* 이 장에서는 내용의 흐름에 따라 주로 표준새번역의 성경 본문을 사용했습니다.

PART 8

교회를 사랑하고 싶은 너에게

– 성경'적' 사랑?: 아름답고 당당하고 평등한 것

이 책을 준비하는 과정에서 사랑과 결혼에 관한 여러 기독교 서적을 읽어보았는데요 그 내용은 대부분 다음과 같았어요. 남녀 관계의 사랑은 하나님이 세운 제도인 결혼(창 2:18, 24)을 전제로 하는 것이고, '하나님 뜻에 맞고 하나님이 기뻐하시는' 기독교인 이성을 만나서 순결을 유지하며 건전하게 사귀다가 하나님이 원하는 결혼에 이르러야 한다는 것이죠. 결혼 생활에서는 '생육과 번성'(창 1:28)이라는 하나님이 세우신 결혼의 목적과 동기를 잘 알고 그 사명을 감당해야 하고, '남편은 여자의 머리이므로 아내는 남편에게 복종'(고전 11:3; 엡 5:23-24; 골 3:18-19)해야 하며, 그 결혼은 결코 '사람이 나눌 수 없다'(마 19:4)는 것을 성경에 근거하여 교훈해요. 21세기에 출판된 이 책들의 내용은 참으로 은혜롭지만, 흰 머리카락이 나고 노안으로 다초점 렌즈 안경을 쓰는 저에게조차 진부하게 느껴졌어요. 하나님을 믿고 그리스도의 몸된 교회에 다니면서 성령 하나님의 도우심을 기도하는 기독교인이지만, 동시에 모든 사람의 자유와 평등을 추구하는 현대 사회의 일원으로 살아가는 여성 청년들에게는 해결하기 어려운 숙제와 무거운 책임과 의무만 안겨주는 것으로 보였기 때문이에요.

사실 성경은 오늘날 젊은 여성 청년들이 맞닥뜨린 구체적인 상황과 질문에 대해 직접적인 대답을 해 주지는 않아요. 구약성경은 기원전 12~2세기, 우리나라 연대기로 하면 고조선 시대에, 신약성경은 기원후 50~150년경, 우리나라 고구려·신라·백제 삼국시대 초기 시대에 쓰인 책이기 때문이죠. 그러니 성경 안에 나타난 남녀 관계는 지극히 남성 중심적인 가부장적 사회와 시대를 반영하는 것이라, 그것을 문자 그대로 현대에 적용하기는 어려울 거예요. 성경은 대부분 남성 저자들에 의해서, 남성 중심적인 사회와 공동체를 향해, 성적으로 불평등하고 차별적인 사고와 질서를 거침없이 드러내고 있어요. 하지만 또 한편으로 우리는 그 안에서 다른 목소리를 들을 수 있고, 그것으로부터 하나님의 참된 뜻을 찾을 수 있다고 믿어요. 그래서 이 단락에서는 성경에서 찾을 수 있는 남녀 간의 사랑 그리고 결혼에 대한 가장 대표적인 본문 두 개에 관해 이야기 나눠 보고자 해요.

구약성경에서 아가서는 하나님과 이스라엘과의 관계 또는 그리스도와 교회/인간 영혼의 관계를 비유적으로 나타내는 것으로 읽히곤 하죠. 하지만 우리는 아가서에서 인간 사이의 사랑의 모습을 찾아볼 수 있을 거 같아요. 아가서에서 노래하는 사랑은 분명 두 연인 사이의 사랑, 그것도 정신적인 사랑이 아니라 육체적이고 성적인 사랑이며, 특히 두 연인 중 여자가 더 많이, 더 적극적으로 사랑을 노래하고 있거든요. 이는 일반적으로 기독교 교회에서 인간의 성에 대해 조심스럽게 다루고, 특히 여성의 성에 대해서는 더욱더 억제되어야 하는 것으로 말하는 것과는 완전히 다른 이야기를 하는 것이죠. 아가서는 성경 시대의 보편적 관념뿐만 아니라 오늘날의 성적 편견까지도 뛰어넘는 사랑의 노래입니다. 있는 그대로의 인간의 모습과 생각과 행위를 대담하고 솔직하게 드러내며 또한 그것을 긍정적이고 아름답게 그리고 있다는 점에서 하나님의 형상을 닮은 피조물로서의 인간을 가장 잘 드러내는 시집이요 화집이라고 할 수 있는데요.

아가서는 구약성경에서 인간에 대해 '아름답다'라는 표현이 가장 자주 등장하는 책이에요. 그중 남자의 아름다움이 칭송된 곳은 단 한 구절에 불과하고(아 1:16), 나머지 열두 곳에서는 히브리 형용사 여성 단수형인 '야파'(יָפָה)를 사용하여 젊은 여자를 묘사했죠. 주로 남자에 의해서 칭송된 여자의 아름다움은 구체적으로 신체의 각 부분의 묘사로 이어져요. 눈, 머리털, 이, 입술, 입, 뺨, 목, 유방 등 아래로 내려오는 시선(아 4:1-5)과 발, 넓

적다리, 배꼽, 허리, 유방, 목, 눈, 코, 머리, 머리털 등 위로 올라가는 시선(아 7:1-9) 두 경우 모두 여자의 육체, 그것도 벗은 몸에 대해 어느 하나도 놓치지 않고 자연과 비교하며 아름답다고 노래하고 있어요. 그야말로 요즘 유행가 가사처럼 '머리부터 발끝까지 다' 아름답다는 것이죠. 이러한 신체적 아름다움에 대한 칭송은 여자에게 국한되는 것이 아니라 여자 또한 남자의 몸을 바라보며 그의 머리와 머리털, 눈, 뺨, 입술, 손, 허리, 다리의 아름다움을 묘사하고 있어요(아 4:10-16).

그런데 아가서에 나타난 육체의 아름다움에 대한 이러한

칭송은 객관적 기준에 따른 것이 아니라 사랑하는 사람들 사이의 지극히 주관적인 평가라고 할 수 있어요. 즉, 서로의 몸에 대한 개방적이고 반복적인 표현과 찬양은 단순히 외설적인 것이 아니라 사랑하는 사람들 사이의 은밀하고 친밀한 속삭임입니다. 성적 관계를 전제로 한 서로에 대한 욕망과 감정을 시적 형태 안에서 풍부하게 나타냈다는 것이죠. 여기에서 아름답다고 찬양되는 사람의 벗은 몸은 어느 한편의 일방적인 성적 유희의 대상으로서가 아니라 평등한 남녀 관계 안에서 서로를 기뻐하고 사랑하는 에로스의 주체로 나타나요. 사랑하는 두 사람에게 그것은 참으로 좋고 아름다운 것이에요. 즉, 그 사람이 아름답고 그 사람의 몸의 각 부분이 아름답다고 하는 것은 그가 정말 객관적으로 완벽하게 아름다운 모습을 가졌기 때문이 아니라 그에 대한 사랑에서 비롯된 주체할 수 없는 열정과 감정에서 나온 표현인 것이죠. 그런 의미에서 개역개정본의 예스러운 표현 '어여쁘다'는 새번역본의 '아름답다'라는 표현보다 더 주관적이고 정겹게 들리는 표현으로, '야파'(יָפָה)의 의미를 잘 나타낸다고 생각해요. 육체를 입은 인간은 하나님의 형상대로 지음 받은 존재로서 하나님이 보시기에 '좋은'(토브, טוֹב) 존재였기에, 그 육체는 결코 열등하거나 부정적인 것이 아니라, 그 자체로 아름다우며 긍정적인 것으로 이해할 수 있는 것이죠.

아가서에서 두 연인은 서로의 벗은 몸을 부끄럼 없이 바라보며, 향기를 맡고 만지며 속삭입니다. 그들은 서로를 향한 열망과 성적 욕구를 대담하게 드러내며, 서로 '너는 내 것, 나는 네 것'(아 2:16; 6:3)이라고 외치죠. 두 남녀 사이의 육체적 결합에 대한 이러한 대담한 표현은 가나안 풍요제의를 배경으로 남신과 여신의 결합에 대한 제의적 상징으로 이해될 수도 있지만, 사랑하는 사람들이 '한 몸'을 이루는 성적 결합으로 보는 것이 더 자연스럽다고 생각해요. 여자는 남자에게 먼저 입 맞추어 달라고 말하며(아 1:2), 사랑을 나눌 수 있는 방으로 데려가 주기를 부탁해요(아 1:4). 그들은 둘이 함께 누워있는 침상을 노래하며(아 1:12, 16), 서로 사랑을 나눌 장소로 초청합니다(아 2:10, 13, 17; 7:11). 오랫동안 찾아다니던 연인을 만나 꼭 붙잡고 어머니의 집과 방으로 데리고 가기도 하고요(아 3:4). 서로 사랑하는 두 연인은 입 맞추고 육체적 사랑을 나누며 표현하는 일에 망설임이나 두려움이 없고 솔직하고 자유롭습니다.

아가서가 '신부'(아 4:18-24; 5:1-2)나 '결혼식'(아 3:6-11), '청혼'(아 8:8) 등 결혼 모티프를 사용하고 있음에도 불구하고 두 연인의 사랑이 결혼이나 자녀 출산으로 끝나지 않는다는 점 또한 독특해요. 아가서는 사랑하는 두 연인 사이의 순수한 사랑을 다룸으로써 오직 평등한 두 사람 사이의 애정과 열정에 초점을 맞추고 있는 것이죠. 남녀 사이의 이러한 평등한 사랑에 대한 노래는 당시의 시대적 상황에 비추어 보면 비현실적으로 보이지만, 다른 한편으로는 남녀 사이의 지배와 피지배의 상하관계 혹은 억압적 관계에 대한 도전이자 저항이라고도 해석할 수 있어요. 즉, 하나님이 만드신 창조 질서대로 서로를 기뻐하며 도와주는 평등한 짝으로서 서로를 바라본다는 점에서 무너진 창조 질서의 회복이고, 곧 구원인 것이죠.

아가서에 나타난 사랑하는 두 연인은 벌거벗었으나 부끄러워하지 않으며 서로를 너무나 사랑하고 그리워하는 모습은 "이는 내 뼈 중의 뼈요 내 살 중의 살이라"(창 2:23)라고 외치는 하나님의 피조물로서의 첫 번째 남자와 여자를 연상시켜요. 하나님이 창조하신 대로의 진정한 사랑 안에는 먼저와 나중이 없고, 지배와 피지배가 없으며, 원망과 미움이 없기 때문이죠. 그 둘의 관계는 하나님 명령에 불순종한 후 변화되어 서로에게 죄를 전가하며, 벌거벗은 몸을 부끄러워하여 옷을 입어 가리고, 서로 지배하고 지배당하는 관계 안에 놓이게 되었다고 창세기에서 말해요(창 3:1-21). 하지만 아가서에서는 서로를 '내 사랑, 나의 어여쁜 자'(아 2:13), '나는 너의 것, 너는 나의 것'(아 2:16; 6:3)이라 부르는 '나와 너'의 친밀한 관계 안에 있는 두 남녀를 보여주죠. 남자는 여자를 향해 반복적으로 '내 누이, 내 신부'(아 4:8-12; 5:1-2), '내 비둘기, 내 완전한 자'(아 3:14; 5:2; 6:9)라고 부르며 여자는 남자를 '내 사랑하는 자요 나의 친구'(아 5:16)라고 부르고 있어요. 아가서의 사랑은 서로를 기뻐하며, 진정으로 사랑하고, 동등하다는 점에 있어서 에덴동산의 회복이라고 볼 수 있어요.

신약성경에서도 성에 대한 말씀은 주로 남성을 향해 있는 것으로, 결혼 안에서만 성적 관계를 허용하는 것 같아요. 결혼 외에 성매매 여성과 관계를 맺는 것도 금지되었고(고전 6:12-20), 결혼 전 성관계도 금지하고 있으며(고전 7:36-38), 예수님은 이혼도 하지 말라고 하시죠(막 10:9 등). 특히 교회 안에서 성적 관계와 영성에 대해 다루고 있는 사람은 사도 바울이에요. 고린도전서 7장은 고린도교회 교인들이 앞서 바울에게 보낸 편지에서 제기한 문제들에 대해 답해 주고 있는데요. 그 주제들, 즉 성관계나 결혼, 이혼은 초대교회 공동체의 구성원인 남성과 여성들이 직면하고 있는 중요한 문제였던 것 같아요. 학자들은 아마도 이에 관한 문제 제기를 여성들이 했을 것으로 추정하는데요. 왜냐하면 다른 편지에서와 다르게 고린도전서 7장에서는 기독교인들 서로를 부르는 칭호로 '형제'와 '자매'를 함께 사용하고 있기 때문이에요(고전 7:15).

고린도전서 7장에서는 여러 여성 그룹을 발견할 수 있는데, 우선 결혼한 여성으로 '아내'는 '남편'과 함께 나타나고요(고전 7:2-4), '결혼하지 않은 자'와 '과부'(고전 7:8) 그리고 '처녀'(고전 7:34)도 따로 언급됩니다. 이러한 특별한 용어들은 고린도교회 공동체 안에 다양한 여성 그룹들이 존재했다는 것을 말해주죠. 바울은 결혼에 대해 성적인 유혹으로부터 자신을 지킬 수 있는 안전한 울타리로 생각했던 것 같아요. “음란에 빠질 유혹 때문에, 남자는 저마다 자기 아내를 두고, 여자도 저마다 자기 남편을 두도록 하십시오. 남편은 아내에게 남편으로서의 의무를 다하고, 아내도 그와 같이 남편에게 아내로서의 의무를 다하도록 하십시오”(고전 7:2-3)라고 권합니다. 이런 구절은 바울이 결혼 관계를 평등과 상호성의 관점에서 바라보았다고 긍정적으로 해석해 볼 수도 있을 거예요.

하지만 바울은 기본적으로 독신 생활을 선호하는 것 같고, 더 우위에 두기도 하죠(고전 7:1, 8-9, 26). 바울 자신도 독신이었고요(고전 7:8). 그러나 독신 생활이 경건한 신앙생활에 이로운 점이 있다고 하더라도(고전 7:32-34) 모든 기독교인에게 주어지는 단 하나의 선택지는 아니라고 말하죠. 신앙생활을 위해서 금욕하라거나 비기독교인인 배우자와 이혼하라고 말하지도 않지만(고전 7:10-16), 믿지 않는 배우자가 이혼을 요구하면 이혼할 수 있다고 말합니다(고전 7:15). 바울의 권고와 지시는 고린도교회 공동체 안에 존재하는 성관계와 결혼생활에 대한 구체적인 질문들에 대한 것이었다고 할 수 있어요. 그리스도의 교회에 속한 성도는 결혼할 수도 있고, 하지 않을 수도 있습니다. 사람은 모두 다 다르고, 다양한 사람들이 함께 모인 곳이 교회이기 때문이죠. “사람은 제각기 하나님께로부터 받은 은사가 있어서, 이 사람은 이러하고, 저 사람은 저러합니다"(고전 7:7).

바울이 고린도교회가 처한 여러 가지 문제에 대해서 한 말은 절대적인 명령이라기보다는 "그렇게 해도 좋다"라는 허락의 의미를 지니는 것으로 보아야 하는 거예요. 고린도교회 안에서 성관계와 결혼에 관한 여러 의견과 문제들이 있었고, 바울은 편지를 통해서 그 문제의 해결 방안을 제시한 것이라는 거죠. 그리스도 안에 거룩한 삶을 사는 방법이 한 가지만 있는 것은 아니라는 것이에요. 완전하고 상호적인 성관계를 바탕으로 하는 결혼생활은 거룩한 것이고(고전 7:14-15), 독신 생활 또한 거룩한 것이죠(고전 7:34). 다시 한번 말하지만 바울은 1세기 로마제국의 질서 안에 살았던 유대 남자로서 분명한 한계성을 가지고 있었다고 할 수 있어요. 그의 최대 관심은 예수 그리스도를 세계에 전하고 교회 공동체를 세우고 보호하는 것이었어요. 그래서 그는 "유대 사람이나 그리스 사람이나, 종이나 자유인이나, 남자나 여자나 차별이 없습니다. 그것은 여러분이 그리스도 예수 안에서 다 하나이기 때문입니다"(갈 3:28)라고 자유의 선언을 했음에도 불구하고, "모든 일을 적절하게 또 질서 있게 해야 합니다"(고전 14:40)라고 말함으로써 교회 공동체의 질서 또한 당시 로마제국의 질서, 즉 가정과 사회에서 보편적으로 받아들여지는 가부장적 질서 안에 있어야 한다고 말하는 것이죠.

오늘날 우리 사회는 다양한 형태의 가족과 공동체가 공존

하고 있어요. 사랑하는 사람을 만나서 결혼이라는 제도와 형식 안에 살아갈 수도 있지만, 계획했거나 그렇지 않거나 결혼하지 않고 살아가는 사람도 있고, 이혼이나 사별 후에 홀로 살아가는 사람도 있어요. 그렇지만 절대 혼자 살아가는 것은 아니죠. 인간은 함께 살아가도록 지음 받은 존재니까요. 바로 여기에 친구와 이웃이 있고, 교회와 공동체가 존재하는 이유가 있다고 할 수 있죠. 이것이 결국 '내'가 존재하는 이유이기도 할 거예요. 지난여름 2024년 '기·흔·세' 여성 리더십 워크숍에서 한 참가자가 했던 말이 생각나네요. 자신은 비혼주의자이고 출산이나 양육을 전혀 생각하지 않았지만, 만약 자신의 절친이 혼자 아이를 낳아 키우는 상황이 된다면 자신이 기꺼이 공동양육자가 될 생각이 있다고요. 이것이 바로 그리스도의 몸된 교회 공동체의 모습이 아닐까요? 부족하고 약하지만 서로 다른 모습의 다양한 지체들이 모여 서로 돕고, 서로 사랑하고, 함께 힘을 합하여 살아가는 공동체가 바로 하나님이 기뻐하시고 예수 그리스도가 세우신 '살아 있는' 교회의 모습이라고 굳게 믿습니다. 어때요? 이런 교회라면 사랑할 만하죠?